Mein Leben fürs Caravaning

Du träumst von Freiheit? Steig ein!

(Maria Dhonau)

Maria Dhonau

Mein Leben fürs Caravaning

50 Jahre immer in Bewegung

MÖNNIG-VERLAG ISERLOHN

© Mönnig-Verlag, Iserlohn, 2011

Verfasserin: Maria Dhonau
in Zusammenarbeit mit Andrea Reichart, www.leseziel.de

Buchgestaltung, Textbearbeitung und Produktion: Mönnig-Verlag, Iserlohn

ISBN 978-3-933519-50-4

Inhaltsverzeichnis

Danke

Meine erste Messe in Essen im Jahr 1962 ist mir noch bestens in Erinnerung, und – wie die vielen Gespräche mit Weggenossen und Freunden der ersten Stunde zeigten – nicht nur mir. Wir alle erinnern uns gut an jene, die dabei waren, an die Aufbruchsstimmung, die Pläne und die Hoffnungen, die wir in die noch junge Branche legten.

Im Laufe von 50 Jahren trennten sich einige Wege, andere kamen zusammen, Bande wurden gelöst und andere geknüpft. So ist das Leben. Am Ende zählt jedoch nur, was uns mit einander verbindet.

Ein Buch wie dieses entsteht nie einsam im Kämmerchen. Man führt Gespräche, lacht über gemeinsame Erinnerungen und tauscht alte Fotos aus. Man bündelt Kräfte, so wie wir es damals schon taten.

Vor allem für Letzteres bedanke ich mich von Herzen bei Erwin und Gerda Hymer (Firma Hymer), Egon Galinnis und Susann Selent, die sich beide sehr für die Caravanbranche einsetzen (Messegesellschaft Essen), Helmut Winkler (Messegesellschaft Düsseldorf), Joachim Roth (Leiter Abt. KFZ- und Freizeitfinanzierungen, Santander-Consumer Bank), Michaela Roth-Ewald (Außendienst, Santander-Consumer Bank), Reinhold Beller (Movera), Peter Linder (Fiat), Kurt Kober und Hans Ordosch (Alko), Kurt Linnepe, sowie seiner Tochter Andrea Hirsch und ihrem Mann Nick Hirsch, die Linnepe heute leiten, Oliver Waidelich und Wolfgang Liebscher (DCHV – Deutscher Caravanhandelsverband), meinem Sohn Kai Dhonau und den Mitarbeitern vom HYMER-Zentrum B1.

Für Fotos bedanke ich mich bei meinen langjährigen Weggefährten und Freunden Michael Beck (vormals Meister der Firma Feriela, später Frankia), Hermann Kock (vormals Geschäftsführer und Visionär der Firma Karmann), Eicke Schüürmann (vormals

Motor-Presse Stuttgart), Hans Ordosch (AL-KO) und Kurt Linnepe, ebenso bei Werner Herrmann (Herrmann's Romantik Posthotel in Wirsberg) und Eva Wagner-Pasquier.

Die Dankbarkeit, die ich all meinen Kunden und Freunden gegenüber empfinde, die mir über so viele Jahre die Treue hielten, ist überwältigend und kaum mit einem Satz zu umschreiben. Da mag mein Buch schon deutlicher werden, das meine Lektorin Andrea Reichart mit viel Liebe, Einfühlungsvermögen und persönlichem Engagement bereichert hat. Ihr verdanke ich auch den Kontakt zu Sylvia Mönnig und ihren wunderbaren Eltern, bei denen ich mich verlegerisch in den besten Händen weiß.

Alle Menschen, denen ich auf meinem Weg begegnet bin, haben ihre Spuren in meinem Leben hinterlassen, das immer in Bewegung war. Und so widme ich dieses Buch nun einer Branche, die nur das Beste verdient. Vor allem aber widme ich es meinen Kindern und Schwiegerkindern Thomas + Martina, Vera + Knut, Kai + Vera sowie meinen Enkelkindern Kaya, Jil, Paula und Julian.

Nichts hätte ohne Euch irgendeinen Wert für mich.

Gegenwart

Ich lehne mich erschöpft zurück und schließe die Augen. Dann atme ich tief ein und aus.

Ich konnte nicht hören, wie sie vom Hof fuhr, aber ich weiß, dass Frau Marten fort ist. Ich hatte sie zu ihrem Wagen begleitet, ihr zum Abschied noch einmal tröstend die Hand auf die Schulter gelegt und ihr wortlos zugenickt, als sie mich ein letztes Mal tieftraurig ansah und sich dennoch ein Lächeln abrang.

Ich öffne die Augen und seufze. Ihre Unterschrift unter dem Vertrag war fließend, nichts daran ließ auf den Schmerz ihres Verlustes schließen. Das Modell, für das sie sich entschieden hatte, war wendig und für eine Frau ihres Alters gut zu handhaben. Ihres Alters? Unseres Alters!

Mich fröstelt. Ich hatte ihren Mann gut gekannt. Spätestens, wenn ich zum ersten Mal mit den neuen Besitzern ‚sein' Wohnmobil betreten würde und sie sich staunend und aufgeregt voller Vorfreude darin umschauen würden, sähe ich ihn sich wahrscheinlich auf dem Fahrersitz umdrehen und mit stolzem Lächeln darauf achten, dass sie vorsichtig mit den Schränken und Türen umgingen. So geht es mir jedes Mal. So war es immer gewesen. So wird es immer sein.

Ich verkaufe nicht nur Caravans und Wohnmobile, ich verkaufe eine Lebensform. Eine Lebensform, in der sich Glück entfalten kann. Und dieses Glück ist langlebig.

Wer es einmal gekostet hat, wird es nicht mehr aufgeben wollen. Nicht freiwillig, nicht wenn es sich vermeiden lässt. Selbst der Tod eines geliebten Partners ändert daran oft nichts. Den Mann zu Grabe tragen ist eine Sache. Seinen Traum vom Reisen, den gemeinsamen Traum von Freiheit einfach fallen zu lassen, das ist eine ganz andere Sache.

Frau Marten würde nicht aufgeben. Sich nicht, den gelebten Traum nicht, das Fahren nicht. Das neue Modell war zwar deutlich kleiner, als das, was wir in Zahlung nehmen würden, aber groß genug für die zahllosen Erinnerungen an ihr Leben zu zweit. Wohin sie auch in Zukunft fahren würde, er wäre bei ihr. Die Nachricht von seinem Tod würde mit ihr reisen. Gemeinsam mit ihren mobilen Freunden dort draußen würde sie an den Stellplätzen ihres Lebens trauern können. Trauern und feiern, dass sie sich gehabt hatten. Trauern, dankbar sein und wieder in den ersten Gang schalten. Und weiter fahren. Weiter leben. Dem letzten Teil des Weges alles Glück abtrotzen, das es zu geben bereit war, mit dem Blick nach vorne, in den Sonnenaufgang.

Ich muss lächeln. Was für ein wunderbares Schicksal hatte mich damals, vor so unendlich langer Zeit, die Entscheidung treffen lassen, in Zukunft Glück auf Rädern zu verkaufen statt weiterhin nur Drogeriebedarf! Fünfzig Jahre Nagellackentferner, Deoroller und Antischuppenmittel? Was für ein Albtraum! Ein Lachen bahnt sich seinen Weg und lässt meinen Sohn überrascht von seinem Schreibtisch aufsehen und zu mir herüberblicken.

Ich lächele ihm entschuldigend zu, zucke die Schultern und schmunzele, als er grinsend den Kopf schüttelt und sich wieder auf seinen Kunden konzentriert, der sich vermutlich fragt, wer denn die skurrile Alte dort drüben am Fenster sei, die wegen Nichts in Heiterkeit ausbricht.

Wegen Nichts?

Ach, er ist neu. Er wird es schon noch begreifen, da bin ich sicher. Sie begreifen es alle. Das zumindest hatte sich in den vergangenen fünfzig Jahren nicht geändert.

Wer aufwärts will, muss aufwärts blicken
(Deutsches Sprichwort)
1959/1960

Es war der Donnerstag vor Pfingsten. Da standen wir nun, mein Mann und ich, seit etwas mehr als zwei Monaten verheiratet und endlich auf unserer eigenen Tankstelle! Wir waren die jüngsten Kinder des Esso Konzerns und boten den Liter für 59 Pfennig an.

Die Welt war im Aufbruch, Autos allerorts auf dem Vormarsch. Die Automobilindustrie war dabei, einen neuen Produktionsrekord aufzustellen. Bis Jahresende würden sie 1,7 Millionen PKW produziert haben, und jetzt, in der Mitte des Jahres, hatte die Euphorie der bezahlbaren Beweglichkeit inzwischen fast alle erfasst. Wir standen als Gesellschaft an der Schwelle einer zunehmenden Beschleunigung und fühlten uns berauscht.

Ahnten wir in jenen frühen Jahren, dass wir uns Jahrzehnte später kollektiv mit ‚Entschleunigung' auseinandersetzen würden? Nein! Und das war damals gut so. Der neue Käfer, mit dem sich viele für 4.600 DM endlich einen lang gehegten Traum erfüllen konnten, hatte immerhin unglaubliche 34 PS und schaffte es in nur 34 Sekunden von Null auf Hundert! Wer wollte in dieser allgemeinen Aufbruchsstimmung auf die Bremse treten?! Wir gewiss nicht. Im Gegenteil. Mein Mann und ich waren da, um diesen Traum in Gang zu halten, mit tausenden von anderen Tankstellenbetreibern in ganz Deutschland. Nicht gerade rund um die Uhr, aber fast. Na und? Wir waren jung, wir hatten Kraft. Schlafen und ausruhen? Dafür war morgen auch noch Zeit!

Es war das Jahr 1960. Die Welt befand sich im Kalten Krieg und Deutschland im Wirtschaftswunder. Die Wunden des Krieges waren zumindest äußerlich verkrustet, und es würde noch viele, viele Jahre dauern, bis sich meine Generation der Kriegsgeborenen einen Blick auf die geschundene Seele des inneren

Kindes gönnen würde. Jetzt galt es erst einmal, Fuß zu fassen, am Aufbau teilzuhaben, aufzubrechen in eine viel versprechende Zukunft ohne Grenzen, die alles möglich erscheinen ließ, wenn man sich nur genug Mühe gab.

Vor wenigen Monaten, man konnte es kaum glauben, hatte sogar – natürlich nach amerikanischem Vorbild – in Frankfurt am Main das erste Autokino eröffnet! Die Menschheit stieß ins All vor, die Wissenschaft überschlug sich mit neuen Erfindungen, ganz zu schweigen von der Medizin. In Amerika kam in diesem Jahr die erste Antibabypille auf den Markt und gab den Frauen dort eine unerhörte, ungeahnte Möglichkeit der Selbstbestimmung in die Hand, die noch Wirkung zeigen würde. In Deutschland mussten erst noch ein paar geburtenstarke Jahrgänge das Licht der Welt erblicken, bis wir in denselben Genuss kamen, aber das große Umdenken hatte bereits begonnen. Wir begannen, das Leben zu feiern, das Leben und seine unbegrenzten Möglichkeiten.

Ölwechsel, Wagenpflege, Abschleppdienst… was hatten wir nicht alles im Angebot! Es bestand nicht der geringste Zweifel: Die Menschen wollten Gas geben und wir mit ihnen.

Ich erinnere mich noch genau, wie ich meinen Mann im Herbst 1959 geradezu überreden musste, sich um die Tankstelle zu bewerben. Er war KFZ-Schlosser und hatte gehört, dass nicht nur diese Tankstelle erweitert werden sollte, sondern gleich der ganze Kreuzungsbereich vor einem Umbau stand. Ich überredete ihn schließlich, doch einfach mal an Sonntagen die vorbeifahrenden Autos zu zählen, dann würde er schon merken, wie gut dieser Standort sei. Und so sehe ich uns noch auf zwei Hockern sitzend an mehreren Sonntagen kleine Strichlisten führen, bis ich ihn endlich so weit hatte. Keiner von uns beiden ahnte zu diesem Zeitpunkt, dass wir sie nur 1 Jahr nach der Eröffnung bereits zur größten Esso-Tankstelle Ostwestfalens gemacht haben würden.

Noch hatte ich keine klare Vorstellung davon, wohin uns unser Weg führen würde, aber ich wusste, dass ich mit diesem Schritt in die Selbständigkeit die richtige Entscheidung getroffen hatte. Hier war der Ort, an dem ich mich entfalten konnte, auch wenn er vielleicht auf den ersten Blick für Außenstehende nicht wie die Chance ins große Lebensabenteuer wirken mochte. Aber hier war ich mein eigener Herr, sozusagen, hier konnte ich meine Talente entfalten, mich meinen Kunden mit der Intensität widmen, die mir vorschwebte und ganz sicher eher das Glück beim Schopfe packen, als an meinem letzten Arbeitsplatz. Hier sauste buchstäblich die Welt vorbei. Wo, wenn nicht hier, würde mir das Schicksal den entscheidenden Wink geben?

Und die Welt sauste morgens schon früh los, so dass ich darauf bestanden hatte, die Tankstelle spätestens um halb sieben zu öffnen und sie erst um 22 Uhr wieder zu schließen. Nun, das einzige was sich dadurch für mich änderte, war die Länge mei-

1960 – Maria am Tankstellenhäuschen. Erst später wurden eine Werkstatt und eine Waschhalle angebaut. (Foto Dhonau)

ner Nachtruhe. Sie schrumpfte ins Unbedeutende, vor allem an Tagen mit großer Wäsche. Ohne Waschmaschine bedeutete dies nämlich, dass ich um halb vier aufstand, damit die Leinen voll hingen, wenn ich mich um kurz vor halb sieben auf mein klappriges Fahrrad schwang und bei Wind und Wetter zur Tankstelle radelte. Wenn ich dann morgens endlich in einer ersten kleinen Pause bei einer ersten Tasse Kaffee die Bild-Zeitung aufschlug, die ich immer zur selben Zeit demselben Mann auf einer Brücke für 15 Pfennig abkaufte, rollte bereits der Berufsverkehr. Die Tankstelle war offen.

Damals wie heute kam ich leicht mit meinen Kunden ins Gespräch. Während mein vergleichsweise ruhig veranlagter Mann sich mit großer Sorgfalt um alles Technische kümmerte, hatte ich jederzeit für alles und jeden ein offenes Ohr. Wie war die Hochzeit Ihrer Tochter? Was macht der Hausbau? Wie geht es Ihrem Knie? Ich fand stets Zeit für einen Plausch und nahm intensiv teil am Leben der anderen. Gemeinsame Interessen mit ihnen gab es viele zu entdecken, aber da meine große Leidenschaft dem Camping galt, kam ich natürlich mit jedem, der in Urlaub fuhr oder heimkehrte, ins Gespräch. Wenn wir uns dann verabschiedet hatten und mein Kunde seines Weges fuhr, war ich um eine Begegnung reicher und sicherer denn je, zur richtigen Zeit am richtigen Ort zu sein.

Als mich eines Tages ein Tankkunde fragte, wieso wir so viel Platz brachliegen lassen würden und ob wir nicht einfach mal Wohnwagen dort anbieten könnten, hielt mich dieser Vorschlag die halbe Nacht wach vor Aufregung. Mein Mann konnte sich meiner Begeisterung nur zögernd anschließen. Aus seiner Sicht hatten wir doch schon genug zu tun, und wer würde sich schon an einer Tankstelle für Wohnwagen interessieren?

Heute, 50 Jahre später, wissen wir beide natürlich, dass wir wie viele Paare, die früh heirateten, einfach mit sehr unterschiedlichen Vorstellungen in das Abenteuer Ehe gesprungen waren.

1960 – Maria an der Tankstelle
(Foto Dhonau)

15

Wenn wir nun – ich nenne es gerne ‚altersweise' – bei einem Glas Wein zusammensitzen und lächelnd auf unsere Leben zurückblicken, dann wissen wir, dass wir einander damals gegenseitig das Leben nicht immer leicht machten. Respekt und Achtung haben den Zorn der frühen Jahre abgelöst, die seelischen Wunden, die wir uns gegenseitig zufügten, sind verheilt, und wir genießen gemeinsam die Gewissheit, dass der steinige Weg, der damals noch verschleiert vor uns lag, notwendig war, um das zu werden, was wir heute sind: glücklich.

Damals empfand ich mich eindeutig als die treibende Kraft, aber ich bildete mir gerne und womöglich nicht ganz wahrheitsgemäß ein, klug genug zu sein, das Treiben nicht zu übertreiben, um im Bild zu bleiben.

Auf jeden Fall plante ich damals alleine vor mich hin.

Ich liebte das Camping, konnte ein Zelt im Handumdrehen auf- oder abbauen und kam auch dann nicht ins Schwimmen, wenn der Himmel kein Einsehen hatte mit meinem Bedürfnis nach einem trockenen Lager. So war es halt. Draußen zu leben, und sei es nur für die kürzeste Zeit des Jahres, war ein Abenteuer, bei dem es keine Garantie gab. Es sei denn, man konnte sich den Luxus eines festen, wenn auch mobilen Daches über dem Kopf leisten. Und ich war damit bei Weitem nicht alleine! In Deutschland waren inzwischen fast 20.000 dieser Caravans zugelassen. 150 verschiedene Modelle standen 1960 bereits zur Wahl und kosteten zwischen 1.990 und 7.000 DM. Viel Geld, sicher, aber gut angelegtes Geld. Und überall in Europa stellten sich die Campingplätze auf den Wohnwagentourismus um. Feste Standplätze mit Stromanschluss, was für eine Sensation!

Nach meiner schlaflosen Nacht stand ich am nächsten Morgen auf unserer Tankstelle und hatte einen Plan. Ich wusste auch schon genau, wo ich das neue ‚Schneckenhaus' hinstellen würde, das andere sicher als ‚Zigeunerwagen' bespötteln würden, was mir aber herzlich egal war.

Es dauerte nicht lange, und ein ‚Mostard' stand an unserer Tankstelle. Mein Mann nahm ihn kopfschüttelnd zur Kenntnis, sah sich darin um, und wandte sich mit einem gemurmelten „Wenn du meinst" wieder seiner Arbeit in der Werkstatt zu, die immerhin maßgeblich dafür sorgte, dass Brot und Butter auf den Tisch kamen.

Der für heutige Maßstäbe kleine Caravan erregte erwartungsgemäß Skepsis bei manchen und Aufmerksamkeit bei vielen. Sobald es das Wetter zuließ, saß ich an einem Tischchen auf meinem Stuhl neben dem Schmuckstück, bereit Neugierigen Auskunft zu erteilen, Aufträge zu schreiben und meine Zukunft anrollen zu lassen.

Während sie in Berlin den Osten gegen den Westen mit einer Mauer schützten, riss ich Mauern nieder. Ich beriet und überzeugte und empfahl und plante und schrieb Aufträge für den ‚Mostard'. Ich diskutierte mit Interessierten bei jedem Wetter Sinn und Vorteil eines Wohnwagens und entwickelte ein Gespür dafür, was meine Kunden interessierte, was sie sich wünschten, wohin die Reise gehen sollte.

In den nächsten zwei Jahren spielte die Welt verrückt und das Wetter gleich mit. Während an der Nordsee mehr als dreihundert Menschen in der Jahrhundertflut vom Februar 1962 starben, gelang den Amerikanern die erste bemannte Erdumrundung. Fast unbemerkt traten in Hamburg die Beatles im ‚Star Club' auf, die Israelis richteten Eichmann hin, und der erste Funk- und Fernsehsatellit kam in die Erdumlaufbahn.

Mein Leben kreiste derweil um unsere Tankstelle, den ‚Mostard' und das Gefühl, ich müsse mehr machen aus dieser Grundidee.

Mitte Oktober 1962 bewegte sich die Menschheit gerade auf die Kuba-Krise zu. Ich bewegte mich zum 1. Caravan Salon, der am 15. Oktober eröffnete, nach Essen und zog meine Kunden mit.

Sie waren mir ans Herz gewachsen und ich ihnen. Ich verstand, was sie sich wünschten, und sie glaubten mir, dass ich sie richtig und fair beraten würde. Ich handelte nicht nur mit Aluminium und Holzkonstruktionen auf Rädern, ich handelte mit Lebensträumen und Sehnsüchten. Ohne es zu ahnen, hatte ich eine große Verantwortung übernommen, selbstverständlich, wie es von klein auf meiner Natur entsprach. „Maria? Kümmerst du dich bitte?" Und Maria kümmerte sich. Nicht oberflächlich und desinteressiert, sondern mit vollem Einsatz und dem Bedürfnis, unbedingt das Richtige tun zu wollen. Das Richtige für die anderen. Gott sei Dank entpuppte es sich auch als das Richtige für mich.

Auf der Messe nahm ich Kontakt auf mit Feriela (später Frankia).

Am 15. Oktober 1962 begann der 1. Caravan Salon.
Hier habe ich meine erste Messeerfahrung am Feriela-Stand, heute Frankia,
gemacht. Foto: Stadtbildstelle Essen. Herr Kurt Hartung hat uns dieses Foto
freundlicherweise kostenlos zur Verfügung gestellt.

Richard Groß hatte im selben Jahr, in dem wir mit der Tankstelle den Schritt in die Selbständigkeit gewagt hatten, in Marktschorgast sein Unternehmen gegründet, aus Liebe zum Wohnwagen und aus Leidenschaft für den Urlaub damit und aus dem untrüglichen Gefühl heraus, darin läge die Zukunft des Reisens. Richard hatte bereits von mir und meinen Verkaufserfolgen gehört. Ohne dass mir dies bewusst war, hatte er Anni Hader, einer Freundin der Familie, die am Stand für das leibliche Wohl der Verkäufer und Kunden verantwortlich war, zugeflüstert, sie möge mich nicht aus den Augen lassen und dafür sorgen, dass es mir an nichts mangele. Ganz offensichtlich war ihm daran gelegen, mich als Verkäuferin zu gewinnen. Offensichtlich hatte Richard Groß erkannt, dass der Umgang mit Kunden zu meinen besonderen Stärken gehörte. Ihm lag sehr daran, mich für sein Team zu gewinnen.

Wenn ich heute das moderne Wort Team in diesem Zusammenhang benutze, kommt dies der Situation von damals nicht annähernd nahe. In den frühen Sechzigern und noch viele Jahre danach glich die Caravan Branche markenübergreifend mehr einer großen Familie als einzelnen Teams. Und so kümmerte sich Anni Hader ausgesprochen auffallend um mich. Immer, wenn ich mal nicht in ein Kundengespräch verwickelt war, stand sie plötzlich neben mir und fragte: „Möchten Sie einen Kaffee? Oder vielleicht lieber ein Süpplein?"

Am zweiten Tag nahm ich sie dann plötzlich einfach in den Arm und drückte sie. „Sie kümmern sich wie eine Mutter um mich! Danke!"

Sie schmiegte sich an mich und sagte nur: „Das tut gut!"

Wir unterhielten uns an diesem Tag viel miteinander, und so erfuhr ich, dass ihr einziger Sohn 1937 im Alter von nur neun Monaten an einer schweren Lungenentzündung gestorben war, und dass ihr Mann 1948 seiner schweren Kriegsverletzung erlegen war.

Mutter Hader und ich im Mai 2011 auf Mallorca (Foto: Mallorca Zeitung Nele Bentgens)

„Dass mich jemand Mutter nennt, bedeutet mir mehr als Sie ahnen", sagte sie leise.

Ich erzählte ihr daraufhin, dass ich selbst keine Eltern mehr hätte und dass ich sie gerne, wenn sie nichts dagegen hätte, fortan ‚Mutter' nennen würde. Man kann sich kaum vorstellen, wie Anni Hader sich darüber freute! Sie sagte sofort „Oh ja, gerne!", und wir sind dabei geblieben. Noch heute nenne ich sie ‚Mutter' und sie mich ‚Tochter', und für meine Kinder war sie von Anfang an ‚Omi'. Selbst meine Enkelkinder nennen die alte Dame, die 2011 ihren hundertsten Geburtstag feiern kann, so Gott will, noch immer ‚Omi'. Und Annis Mutter hieß fortan nur ‚Oma Fraaß'. Wenn ich im Winter immer und immer wieder die Nächte durch fuhr, um einen verkauften Caravan in Marktschorgast abzuholen und auszuliefern, dann rief ich bei Mutter Hader an, damit sie wusste, ich würde irgendwann in der Nacht vor ihrer Tür stehen. Dann würde Oma Fraaß mir einen heißen Stein und die Kupferwärmflasche in mein dickes Federbett legen, damit ich mich aufwärmen konnte. Das Haus der beiden wurde nämlich nur durch einen großen Kachelofen im Wohnzimmer beheizt, der zwar die große Wohnküche, aber nicht die Schlafzimmer im ersten Stock wärmte. Nach den anstrengenden Fahrten durch die vereiste Rhön, auf steilen, vollkommen einsam gelegenen Landstraßen entlang der Zonengrenze, lagen meine Nerven manchmal blank. Wenn ich dort stehen geblieben wäre, Jahrzehnte vor der Erfindung der Handys, hätte man mich erst weiß Gott wann dort entdeckt! Da half es mir sehr zu wissen, dass ich erwartet wurde, egal zu welcher Uhrzeit.

Kleinigkeiten wie diese mögen einen Eindruck vermitteln von der Nähe, die damals in unserer Branche herrschte. Unsere Kontakte untereinander waren mehr als nur Geschäftsbeziehungen. Sie bauten auf Vertrauen auf. Vertrauen, das man gab und Vertrauen, das man nicht enttäuschen wollte. Diese Mentalität zwischen den Händlern und ihren Verkäufern sorgte für eine Verbundenheit, die manche von uns wie selbstverständlich auch unseren Kunden entgegenbrachten, wodurch sich ein enges Netzwerk an authentischen, belastungsfähigen und langfristigen zwischenmenschlichen Beziehungen und Freundschaften entwickeln konnte, die oft bis heute gehalten haben.

Heute würde man sagen, ich sei Teil eines gut funktionierenden Netzwerkes gewesen. Ich würde sagen, das trifft es nicht einmal im Entferntesten. Ich hatte überall Freunde, die mir mehr Familie waren, als meine eigene. Den Unterschied muss man, glaube ich, auch heute nicht erklären.

Kai mit seiner Tochter Paula zu Besuch bei Omi und Uromi Hader im Sommer 2008 (Foto Dhonau)

Aus kleinen Dingen
kann das größte Glück wachsen
(Maria Dhonau)
1962

Feriela baute 1962 kleine Caravans wie den ‚Brenner'. den ‚Arlberg' und den ‚Großglockner'. Lou van Burg, der bekannte Fernsehmoderator von „Der goldene Schuss" besaß einen Feriela Wohnwagen, was so ziemlich jeder aus den Medien wusste, auch wenn es nur zwei Fernsehsender gab. Das Modell war der ‚Gotthard', damals das größte Modell, das individuell ausgestattet werden konnte. Und genau das brauchte ich für meine Kunden!

Heute weiß ich, dass wir uns damals während des Caravan Salons alle am Rande einer atomaren Katastrophe befanden. Chruschtschows Einlenken am 28. Oktober hat vermutlich nicht nur die Welt vor dem Untergang bewahrt, sondern einen unbewussten, kollektiven Erleichterungsseufzer ausgelöst, der sich in allen Bereichen niederschlug und nicht nur Aldi zum Erfolg verhalf. Wir waren nur siebzehn Jahre nach dem Ende des letzten Weltkrieges noch einmal mit einem blauen Auge davon gekommen und hatten allen Grund, unser Leben hier und jetzt zu leben, so zerbrechlich wie unsere friedliche Zukunft uns damals zu Recht erschien. Das Leben heute und nicht erst in Jahren zu genießen: Dazu gehörte auch, mit der Familie in den Süden zu fahren und Urlaub zu machen. Mit einem Caravan, natürlich.

Dass die Antibabypille in diesem Jahr endlich den Weg nach Deutschland fand, sei hier nur der Vollständigkeit halber erwähnt. Mich interessierte das nicht im Geringsten, was besonders meinen Erstgeborenen freuen wird, der ein Jahr später das Licht der Welt erblickte, Gott sei Dank gesund, was wahrlich angesichts des Contergan Dramas uns Müttern nicht mehr selbstverständlich erschien.

von links nach rechts: Richard Groß, Vater von Lou, Lou van Burg und Meister Michael Beck bei der Besprechung seines Feriela-Caravans.

Hier steht das Schmuckstück von Showmaster Lou van Burg

Showmaster Lou van Burg (Pfeil) inmitten der gesamten Belegschaft der Firma Feriela in der Grundmühle in Marktschorgast, die ihm einen individuellen Caravan gebaut haben ... (3 Fotos von Michael Beck)

23

Als ich dann später wusste, dass ich schwanger war, hatten mein Mann und ich aufgrund unseres nun rapide wachsenden Caravan-Geschäftes kaum noch Zeit für einander. Unser Betrieb stand im Mittelpunkt unseres Lebens, bis jetzt. Und in meinem Körper wuchs ein kleines Wunder heran, das ich vom ersten Tag an mit großer Freude erwartete. Die erschöpfte Reaktion meines Mannes auf die schöne Nachricht irritierte und verletzte mich jedoch. „Muss das denn sein? Gerade jetzt? Wo wir so viel Arbeit haben?!" Trotzig sah ich ihm in die Augen. „Mach dir nur keine Sorgen, ich arbeite weiter." Und das tat ich auch.

1963, das Jahr, in dem Thomas geboren wurde, hatte ich auf dem nächsten Caravan Salon in Essen die erste Vertretung überhaupt für den neuen, noch kleinen Hersteller Kleinz übernommen. Er bot die kleinsten Caravans zum kleinsten Preis an.

Ich liebte meine Arbeit inzwischen über alles! Gemeinsam mit meinen Kunden plante ich auf der Grundlage dessen, was das Feriela Werk technisch für möglich hielt, an der Verwirklichung ihrer individuellen Träume. Dann fuhr ich nach Marktschorgast, wo die Meister Beck und Holl in der Grundmühle mit größter Sorgfalt die bestellten Modelle bauten, und überführte sie persönlich.

Aber mein Leben hatte einen neuen Mittelpunkt bekommen: mein erstes Kind! Thomas war von Anfang an ein pflegeleichter und fröhlicher Junge. Ich nahm ihn mit zur Tankstelle, zu den Wohnwagen und mit auf Reisen. Wenn ich ihn einmal nicht mitnehmen konnte, dann blieb er problemlos bei meiner Schwiegermutter oder meinen Schwägerinnen.

Mein Herz und mein Geschäft hingen nach wie vor noch am ‚Mostard' Caravan, aber dieses belgische Modell war einfach viel zu unbekannt bei uns. Was ich dringend brauchte, war ein Bericht in einer Zeitung. Der Journalist Fritz B. Busch war nicht nur in unserer Branche bekannt für seine pfiffigen Artikel über

Autos und auch Campingfahrzeuge. Das wusste ich, das wusste jeder. Aber wie sollte ich nur an ihn herankommen, um ihn zu überzeugen, über den ‚Mostard‘ zu schreiben? Und wenn ich ihn so weit kriegen sollte: Konnte ich sicher sein, dass er den Wagen so loben würde, wie es mir vorschwebte? Immerhin war er auch bekannt dafür, dass er kein Blatt vor den Mund nahm, wenn er Mängel entdeckte. Egal, ich musste es wagen!

Ich fuhr einfach spontan zwei Tage vor der Frühjahrsmesse nach Essen und hörte mich um. Ich erfuhr, dass er während der Messe im Parkhotel an der Rüttenscheider Straße wohnen würde. Kein Problem, dann würde ich dort so lange auf ihn warten, bis er käme. Irgendwann musste auch ein Fritz B. Busch ins Hotel um zu schlafen, oder? Kaum hatte ich diesen Plan geschmiedet, erblickte ich ihn jedoch auf der Messe in der nächsten Halle. Ich fasste meinen Mut zusammen, ging zu ihm hin und sprach ihn direkt an.

„Guten Tag, Herr Busch. Könnten Sie nicht bitte mal einen Bericht über das belgische Caravan Modell ‚Mostard‘ schreiben?“ Erstaunt blieb dieser bekannte Journalist stehen und zog die Augenbrauen hoch.

Ich war jung und sah gut aus, aber wer war ich schon? Lächelnd erwiderte ich seinen Blick, bis er plötzlich auflachte, seinen rechten Arm um meine Schulter legte und sagte: „Nun, junge Dame, dann zeigen Sie mir mal Ihren ‚Mostard‘!“ Und so gingen wir durch die Halle zurück zu meinem Stand. Unterwegs überwältigte mich Busch mit seinem Charme. Ich hatte das Gefühl, als flirte er ein wenig mit mir, was mir zwar ausgesprochen schmeichelte, mich gleichzeitig aber ein wenig in Verlegenheit brachte. Man konnte ja nie so ganz sicher sein, wie ernst es einem Mann damit war, nicht wahr? Und nach allem was ich wusste, hatte er nicht nur eine Frau, sondern zumindest ein Kind, wenn man seinem legendären Jaguar Test-Bericht aus der Auto Motor Sport von 1961 glauben wollte, den sogar ich gelesen hatte.

Als wir aber am Volvo Stand vorbei kamen und er auf einen Sportwagen zeigte und sagte „Und den schenke ich dir zu unserem Hochzeitstag!", da wusste ich genau, dass er nur Spaß machte. Und so konnte ich mich lachend auf das Geplänkel einlassen und führte ihn schließlich zum Caravan. Ich erinnere mich noch, wie er im Wohnwagen stand und sich umsah. Was mochte er gedacht haben, als er die vielen kleinen, liebevoll wie mit der Laubsäge ausgesägten Klappen sah mit ihren silbernen Umrandungen? Er schmunzelte und sagte: „Bring mir morgen früh deinen Text ins Hotel, damit ich daraus etwas machen kann."

Pünktlich zum Frühstück marschierte ich am nächsten Morgen mit meinem kleinen Bericht zum ‚Mostard' in der Hand in den Frühstücksraum des Parkhotels und ging zielstrebig an den Tisch von Fritz B. Busch. Dort übergab ich ihm meinen Text. Da er mich nicht zum Bleiben einlud, verabschiedete ich mich mit einem herzlichen „Danke!" und verließ das Hotel. Durch die Gardinen des Frühstücksraumes konnte ich aber von der Straße aus einen Blick erhaschen. Da saß ‚Bobby' Busch also nun vor seinem Kaffee und seinem Frühstücksei und blätterte schmunzelnd in meinen laienhaften Notizen. Und tatsächlich, er schrieb wirklich einen wunderschönen und viel beachteten Artikel über den ‚Mostard'. Vermutlich war ich aber die einzige, die zwischen den Zeilen Hinweise darauf fand, warum er diesen Bericht überhaupt geschrieben hatte. Fritz B. Busch eröffnete übrigens 1973 in Wolfegg ein privates Automuseum (www.automuseum-busch.de), dessen Besuch sich sehr lohnt und das auch für Gruppentouren ein lohnendes Ausflugsziel ist. Das Gleiche kann ich heute schon sagen für das von Erwin Hymer konzipierte Caravan Museum in Bad Waldsee, das im Sommer 2011 eröffnen soll. Im Internet findet man zurzeit übrigens unter www.caravan-museum.de eine schöne virtuelle Sammlung von historischen Fotos. Das ist eine Privatinitiative von Wolf D. Hiemesch aus Detmold.

1965 hatte ich inzwischen auch die Vertretung der VFW-Caravans vom Flugzeugbauer Fokke-Wulf in Hoykenkamp bei Bremen bekommen, und außerdem noch eine Caravanvermietung in Grömitz an der Ostsee aufgebaut, wo wir immer wieder hinfuhren, wenn ich nach den Mietfahrzeugen sehen musste, die ich aufgestellt hatte.

Thomas, der mit seinen 2 Jahren schon erstaunlich gut sprechen konnte, hatte von seinen Eltern die Liebe zu Autos geerbt und besaß eine Sammelleidenschaft für Matchbox Autos. Als ich mit ihm im Sommer 1965 über den Campingplatz in Grömitz spazierte, rief er plötzlich aus: „Mama! Guck mal! Da steht ein Chevrolet!" Der Besitzer des Autos hörte ihn und sprach ihn an. „Woher kennst du das Auto? Habt ihr auch so eins?" Thomas antwortete: „Ja, und morgen kauft meine Mama einen Porsche!" Mir gefiel der verwirrte Blick des Herrn, und so zog ich lächelnd meinen Sohn weiter, ohne das Missverständnis aufzuklären. Thomas würde seinen Porsche morgen bekommen. Matchbox Porsche. Sollte der Herr doch gerne denken, was er wollte.

Thomas vor den Wohnwagen auf der Tankstelle.
Mit dem Stock im Wasser spielen. Ist das schön! (Foto Dhonau)

Unsere Urlaube waren eine Wohltat für mich und mein Kind, denn das war die einzige Zeit des Jahres, in der ich mich ihm vollkommen widmen konnte, abgesehen von der Caravanvermietung, natürlich. Aber die war vor Ort, und das war überhaupt kein Stress im Vergleich zu den vielen langen nächtlichen Fahrten quer durch Deutschland, die sonst meinen Alltag außerhalb der Messen so sehr bestimmten.

In der Regel ging ja alles gut, aber es konnte immer mal vorkommen, dass etwas Unvorhergesehenes geschah, dass zum Beispiel mein Auto einen technischen Defekt hatte, wie auf einer Fahrt von zuhause nach Winzenheim, wo mir die Zylinderkopfdichtung des BMW fast um die Ohren flog und ich um halb vier nachts alleine auf einem Autobahnparkplatz stand. Handys waren noch immer nicht in Sicht, und das bedeutete, dass man dort stand wo man stand, bis jemand kam, der einem helfen konnte. Ich wartete in jener Nacht sicher gut eine Stunde, ehe der nächste müde Autofahrer diesen Parkplatz anfuhr. Freundlicherweise erklärte er sich bereit, von der nächsten Gaststätte aus, an der ein Telefon zu finden sei, meinen Mann anzurufen und ihm auszurichten, was passiert sei. Ich musste fast bis zur Morgendämmerung warten, ehe dieser mich schließlich gefunden hatte. Seine Laune war verständlicherweise nicht die beste, und er schleppte mich mit Auto und Anhänger bis zu einer Raststätte in Gütersloh, wo wir den defekten BMW dann bis zum nächsten Tag stehen ließen.

Erschöpft und wortkarg fuhren wir nach Hause, und ich konnte förmlich das Endlosband hinter der Stirn meines Mannes sehen, auf dem immer und immer wieder dieselben Worte liefen „Muss das sein?! Haben wir nicht genug Arbeit?! Muss das sein?!" Klugerweise ersparte er sich und mir, einen Streit hierüber vom Zaun zu brechen.

Andere Nachtfahrten brachten aber auch ausgesprochen nette Erlebnisse. Heute würde ich als Mutter einer Tochter, die vielleicht vorhätte, sich auf solche Abenteuer einzulassen und nachts an Autobahnraststätten Nickerchen zu machen, diese vielleicht zur Sicherheit im Keller einsperren. Nun, mich sperrte niemand ein, jemand musste fahren, und wenn ich nachts auf einer Rückfahrt merkte, wie mir die Augen zufielen, dann hielt ich halt an. Ich war zwar risikofreudig, aber nicht verrückt. Dann fuhr ich mit meinem Gespann rechts ran, klappte den Sitz zurück, bzw. stellte ihn runter, und schloss die Augen für einen kurzen aber meist überraschend erfrischenden Schlaf.

Bei einer dieser Gelegenheiten wurde ich eines Nachts an einer Raststätte in Recklinghausen von der Polizei geweckt. Es gelang mir relativ schnell sie zu überzeugen, dass hier nicht ein Flittchen seinen Rausch ausschlief, sondern eine müde Caravan Geschäftsfrau klug genug gewesen war, sich eine dringend notwendige Pause zu gönnen, um ein halbes Stündchen zu schlafen.

Man kann sich meine Überraschung kaum vorstellen, als sie nicht nur Verständnis zeigten, sondern sich auch freiwillig anboten, so lange in der Nähe zu bleiben, bis ich wieder fit genug sei, um weiter zu fahren, damit mir niemand zu nahe käme! Als ich schließlich meine Fahrt fortsetzen konnte, winkten wir uns fröhlich zum Abschied zu.

14 Tage später stand ich wieder zur nahezu selben Zeit an derselben Raststätte in Recklinghausen, fuhr aber dieses Mal den BMW und hatte natürlich einen anderen Caravan angehängt. Und wieder wurde ich von der Polizei geweckt. Was war das für eine Überraschung, als derselbe Polizist mich dabei freundlich begrüßte mit den Worten „Ach, die schöne Frau ist wieder da! Na, dann schlafen Sie mal noch ein bisschen, wir bleiben wieder hier und wachen über Sie!" Zum Abschied blinkten sie mir dann später noch mit ihrem Licht zu, und ich fuhr beseelt nach Hause, ich, die ‚schöne Frau'. Meine Güte, tat das gut!

Wenn dein Heute gut ist, war dein Gestern nicht umsonst

(Maria Dhonau)
Gegenwart

Das Schrillen meines Telefons reißt mich aus meinen Gedanken.

„Geht es dir gut?", höre ich die besorgte Frage meines jüngsten Sohnes, der nur etwa 20 Meter von mir entfernt noch immer an seinem Schreibtisch sitzt, inzwischen jedoch alleine.

Ich räuspere mich. „Natürlich geht es mir gut", antworte ich und drehe meinen Stuhl so, dass wir uns bequem ansehen können.

„Du hast mit geschlossenen Augen dort gesessen, da dachte ich, dir sei vielleicht nicht gut."

„Ach, Spatz, das ist lieb, dass du dir Sorgen machst. Lieb, aber vollkommen überflüssig. Ich bin nur ein wenig in meinen Erinnerungen versunken."

Hier sitze ich an meinem geliebten Schreibtisch im Büro. (Foto Dhonau)

„Arbeitest du am Manuskript?", fragt er interessiert.

Ich öffne mit übertriebener Geste meine Schreibtischschublade, greife hinein und hole den dicken Stapel ordentlich sortierter und mit einer altmodischen Schleife zusammengebundener Seiten heraus und lasse ihn mit einem leisen, aber hörbaren kurzen Knall auf meinen Schreibtisch fallen.

Ich grinse mit gespielter Schadenfreude, als mein Jüngster mit seiner linken Hand raffgierige Handbewegungen macht. Keines meiner drei Kinder hat bisher auch nur einen Blick in mein Buch werfen dürfen. Ich will die Überraschung nicht vorwegnehmen. Sie wissen alle, dass ich so etwas wie meine Memoiren schreibe, die untrennbar mit diesem Unternehmen verbunden sind, welches Kai inzwischen führt. Und sie wissen auch, dass jeder von ihnen seinen Platz darin finden wird: Thomas, Vera und Kai, weil sie als meine über alles geliebten Kinder untrennbar eingeflochten sind in das dichte Geschichtengewebe meines Lebens, das das Schicksal um meine Leidenschaft und meinen Beruf gewoben hat. Aber genau hier beginnt auch der Spaß, nämlich wenn ich ihnen symbolisch auf die erwachsenen Finger schlage, die sich mit kaum zurückgehaltener Neugier meinem kleinen Hobby nähern.

Kai fletscht mit einem übertrieben gleichgültigen Lächeln albern die Zähne, legt kommentarlos den Hörer auf und dreht seinen Schreibtischstuhl demonstrativ zurück in die Ausgangsstellung.

Keiner der Mitarbeiter hat unser kleines familiäres Geplänkel mitbekommen.

Ich blicke aus dem Fenster. Es regnet heftig, und die dunkle Wolkendecke sieht sich offensichtlich der Wettervorhersage verpflichtet. Heute würde es im Geschäft ruhig bleiben.

Ich gehe hinüber zu unserer kleinen Küche und hole mir ein Glas Wasser. Die Angestellten sind mit Arbeiten beschäftigt, die bei großem Kundenaufkommen eher liegen bleiben müssen, und ein leises Murmeln begleitet mich, als ich zufrieden zurück an meinen Platz gehe. Durch die Fenster klingen gedämpft die Geräusche aus der Werkstatt, und hin und wieder höre ich hier und dort jemanden auflachen.

Ich liebe die Atmosphäre an diesem Ort. Eingebettet in ein Umfeld von kollegialer Harmonie, wie sie nur aus gelebter Verantwortung und wertschätzendem Umgang entstehen kann, erfüllt mich meine Arbeit Tag für Tag mit einem großen Glücksgefühl, auch wenn traurige Fälle wie der meiner Freundin zu unserem Alltag gehören. Ich bilde mir ein, heute einen Teil ihrer Last von ihr genommen zu haben, und das erfüllt mich mit großer Dankbarkeit: für die Kraft, die mich bereits seit meiner frühesten Kindheit begleitet hat, als ich viel zu früh viel zu viel Verantwortung tragen musste; für die Fähigkeit, die Energie zu nutzen, in die ich mich eingebettet weiß; für ein Leben, das mir mehr Glück beschert hat, als ich mir je erhofft hätte.

Nicht immer habe ich mich nämlich so glücklich gefühlt, wie in den letzten Jahren. Möglicherweise habe ich einen hohen Preis für meine Visionen und Leidenschaften bezahlt, aber ich bin sicher, dass er sich gelohnt hat. Ein Blick durch den Raum, in dem ich noch immer gerne arbeite, mit über siebzig Jahren, und ein Blick in mein Herz bestätigen mir, dass ich Recht daran getan habe, mein Ziel nicht aus den Augen zu verlieren, auch wenn der Weg dorthin sich beim Vorwärtsgehen nicht selten in dichtem Nebel verborgen hat.

Lieber mit guten Freunden die Nacht zum Tag
machen als ohne Lachen früh ins Bett gehen
(Maria Dhonau)
1965

Die Essener Caravan Messe im Frühjahr und der Essener Caravan Salon im Herbst waren inzwischen nicht nur die geschäft-
lichen Höhepunkte meines Jahres, sondern auch privat und
zwischenmenschlich für mich die schönste Zeit des Jahres.
Litt ich zuhause unter der angespannten Atmosphäre, die mein
Bedürfnis nach Lachen und Lebensfreude nicht einmal annähernd befriedigte, so konnte ich sicher sein, während der Messen ganz andere Erfahrungen machen zu können. Dort traf ich
gute Bekannte und alte Freunde, und uns allen war die Liebe
zu unserem Beruf ins Gesicht geschrieben. Wir waren alle mit
Herz und Seele Verkäufer, wir sprachen dieselbe Sprache und
hatten dieselben Probleme. Hier gab es Austausch und Anre-
gung. Hier gab es vor allem Anerkennung und Ansporn. Wie
auf Messen üblich, ließen wir nicht nach Feierabend erleichtert
die Stifte fallen, sondern blieben erst noch ein wenig zusammen
sitzen, tranken Wein, scherzten und alberten herum, ehe wir uns
endlich in den frühen Morgenstunden in unsere Ausstellungs-
Caravans auf dem Parkplatz zurückzogen.
Diese Nächte waren immer sehr kurz, schlenderten doch die
ersten Kunden meist wenige Stunden später bereits schon wieder durch die Hallen und über die Parkplätze.
Ich erinnere mich noch, wie im Frühjahr 1964 einmal ein lieber Kollege der Firma Lely-Dechentreiter, die 1970 plötzlich
in Konkurs ging und dann von der Firma Fendt übernommen
wurde, in einem der beiden ausgestellten Caravans seiner Firma
übernachtete. Die Messe öffnete morgens um 9 Uhr ihre Tore,
aber unser Kollege schlief noch. Ich werde nie vergessen, wie
viel Spaß wir hatten, als er irgendwann nach 10 Uhr plötzlich

verschlafen seine Gardine teilte und mit Entsetzen feststellte, dass es überall bereits von Besuchern wimmelte!

In jenen Jahren dauerte die Frühjahrsmesse 9 Tage und ging immer über den 1. April.

1965 begann die Messe am 27. März und endete am 4. April. Alle Aussteller durften nur jeweils 2 Caravans ausstellen, was bedeutete, dass wir alle in derselben Halle untergebracht waren und uns nicht nur beim Verkaufen gegenseitig im Blick hatten, sondern auch damit rechnen mussten, dass uns ein Kunde, den wir eben noch mit großem Engagement beraten hatten, am Nachbarstand von der ‚Konkurrenz‘ buchstäblich vor der Nase weggeschnappt werden konnte.

So erinnere ich mich an einen Kunden, der sich bei mir lange und ausgiebig für einen Feriela Gotthard interessiert hatte. Ein paar Stände weiter hatte er nahezu ebenso viel Zeit vor einem Jomi Wohnwagen verbracht, wo ihn der Verkäufer Herr Jansen beraten hatte. Es dauerte fast einen halben Tag, da hatte er sich endlich für den Feriela entschieden, und ich konnte den Vertrag schreiben. Damals gab es keine Nachlässe, und so konnte ich sicher sein, dass meine Beratung und seine höchst persönliche Entscheidung für seine Wahl ausschlaggebend gewesen waren. Nachdem er bei mir unterschrieben hatte, ging er hinüber zum Jomi Stand und teilte Herrn Jansen mit, dass er den Feriela gekauft habe. Herr Jansen, der immer etwas langsam sprach, sagte „Ja, ja, jeder Mensch macht in seinem Leben einmal einen Fehler!" Als mein Kunde zu mir zurück kam und mir davon erzählte, nahm ich ihn in den Arm und tröstete ihn. „Was hätte er auch anderes sagen sollen?", fragte ich spitzbübisch, und wir mussten beide lachen.

Auch auf dieser Messe saßen wir Händler abends noch zusammen, lachten und erzählten uns die witzigsten Geschichten des Tages. An einem Abend sammelten sich alle bei mir in einem Feriela, weil dieser Caravan nun einmal der geräumigste war.

Natürlich gehörte auch etwas zu trinken dazu, und da mussten wir manchmal sehr kreativ werden.

Am Knaus Stand arbeiteten Herr Stein und Helmut Knaus jr. Damals hatten die wenigsten Caravans eine Heizung. Herr Stein hatte herausgefunden, dass in ihrem Caravan in einem Bodenfach im Kleiderschrank für die zukünftigen Käufer Sekt gelagert wurde, und schon reichte er heimlich eine Flasche ihres Vorrats durch das Fenster des Feriela, und bald darauf eine zweite, denn bei mir war es inzwischen ziemlich voll geworden. Ich hatte nicht genug Gläser und war bereits auf die Deko-Gefäße ausgewichen. Und ich erinnere mich, dass Erwin Hymer sich ein kleines, kupfernes Butterpfännchen mit einem langen Stiel sicherte, aus dem er zum großen Vergnügen aller dann seinen Sekt trank.

Übrigens: direkt gegenüber dem Feriela Stand lachte uns ein Mikafa Wohnmobil an. Wie es der Zufall wollte – hier greife ich weit vor – lernte ich 2011 auf der Technica in Essen Werner

Ein Mikafa Reisemobil, welches der Familie Wagner, Bayreuther Festspiele, mal gehört hat. (Foto Dhonau)

Herrmann kennen, der dort seinen alten Mikafa ausstellte. Das Fahrzeug ist Baujahr 1959, sein Erstbesitzer war Wolfgang Wagner. Überliefert ist, dass seine Frau Ellen dem Mobil den Spitznamen ‚Schnapsi' gab, weil sie den Kauf damals für eine Schnapsidee hielt. Ihre Tochter, Eva Wagner-Pasquier meint, ihr Vater habe den Mikafa schon Ende der 50er Jahre erworben, und sie verbindet bis heute viele persönliche Erinnerungen an die Familienfahrten damit. 1985 ging der Wagen an einen Mitarbeiter der Bayreuther Festspiele über, von dem wiederum Werner Herrmann ihn 2007 kaufte. Heute kann man diesen Oldtimer mit Fahrer mieten, wenn man in „Herrmann's Romantik Posthotel in Wirsberg" übernachtet. Ende der Fünfziger galt der Mikafa übrigens als absoluter Luxus-Motorcaravan. Er hatte immerhin schon Dusche und Toilette. Von außen war er nicht sofort als Wohnmobil zu erkennen, weshalb sie, so Frau Wagner-Pasquier, damit auch problemlos auf ihren Reisen überall übernachten konnten und nicht gezwungen waren, die ungeliebten Campingplätze anzufahren.

Für viele ältere Menschen war die vergleichsweise sehr günstige T1 Westfalia Campingbox, die zwischen 1950 und 1967 hergestellt wurde, eine Möglichkeit, sich den Traum vom Reisen zu erfüllen. Mit wenigen Handgriffen ließ sich das Fahrzeug, das im Alltag ein 3–Sitzer–Bus war, in einen 6–Sitzer–Camper umbauen, mit dem Familien vergleichsweise komfortabel und günstig in Urlaub fahren konnten.

Doch zurück zur Messe.

Nach unserem kleinen Umtrunk, der mich wieder sehr glücklich machte, zu so einer schönen Gemeinschaft zu gehören, beschlossen wir, zum Essen in den Silberkuhlshof zu gehen.

Beppo Wenk sorgte für viel Gelächter, weil er wieder davon anfing, dass es in seiner Familie von Ärzten nur so wimmelte, woraufhin alle grölten „Simon Arzt, Simon Arzt und Simon Arzt", wie eine alte Zigarettenmarke damals hieß, die er leiden-

VW Campingbox, so hieß der erste Campingbus von VW, der von 1951 bis in die 60er Jahre gebaut wurde. (Foto VW)

Der kleine Junge ist Eicke Schüürmann (früher Promobil) mit seiner Mutter im Caravan-Urlaub. (Foto Schüürmann)

schaftlich gerne rauchte. Ja, wir gingen locker und ungezwungen miteinander um in jenen frühen Messejahren. Mit dabei war auch immer Mutter Hader, mit der ich die Frühjahrsmessen über etliche Jahre hinweg alleine machte, was bei dem Umfang der ersten Jahre noch ging. Ab 1967 kamen dann neue Messehallen dazu. Die Frühjahrsmesse war schließlich fast genauso groß wie die Herbstmesse, und unsere Gemeinschaft wuchs von Jahr zu Jahr an.

Wenn ich an jene Messen denke, dann fallen mir mehr Geschichten ein, als ich es je für möglich gehalten hätte, und alle haben mit lieben Kollegen und viel Lachen zu tun. Die Arbeit war sicherlich anstrengend, aber was mir über die Jahrzehnte vor allem geblieben ist, ist das Gefühl von Gemeinschaft und Zugehörigkeit, das mich immer dann erfüllte, wenn ich mich mit Menschen traf, die ihre Arbeit ebenso sehr liebten wie ich. Heute, rückblickend, kann ich verstehen, warum mir diese Jahre noch immer so viel bedeuten. Sie waren für mich zwischenmenschliche Höhepunkte. Sie waren Dreh- und Angelpunkt meines Lebens. Dort war ich erfolgreich und beliebt, dort war ich willkommen. Die Realität meines Privatlebens konnte dazu schon damals kein Gegengewicht mehr sein.

Je mehr das Caravangeschäft anzog, desto mehr zog ich mich von meinem Mann innerlich zurück. Heute weiß ich, dass er darunter ebenso litt wie ich, aber damals? Ich war ungeheuer viel unterwegs. Entweder nahm ich meinen Sohn und später auch meine Tochter mit, oder sie blieben bei der Großmutter oder ihrer Tante Irmgard.

Im September 1965 stand ich als Verkäuferin für Feriela auf dem Freigelände der IAA in Frankfurt, die damals noch für die Caravanbranche geöffnet war.

Bei dieser Messe schliefen wir Verkäufer und Hersteller alle während der Messe in Mörfelden auf dem Campingplatz als ganz große Gemeinschaft.

Ja, das ist wirklich eine Gründerfamilie von Feriela. Wir waren alle von der fast ersten Stunde an dabei. (Foto Michael Beck)

Der lange Gümbel und Heinz Richter 1965 vor einem Feriela auf der IAA in Frankfurt (Foto Dhonau)

Eines Abends beschlossen Mutter Hader, Heinz Richter, der lange Gümbel aus Bodman am Bodensee und ich, nach Frankfurt zu fahren, auszugehen, lecker zu essen und vor allem zu tanzen. Wir stellten unseren Wagen in einer Seitenstraße ab und machten uns auf die Suche nach einem geeigneten Lokal, das wir schließlich auch fanden, und wo wir einen wunderschönen und sehr lustigen Abend verbrachten. Gegen Mitternacht machten wir uns auf den Rückweg. Als wir das Lokal verließen, alle nicht mehr ganz nüchtern, wusste keiner von uns, ob wir nun nach rechts oder nach links abbiegen mussten, um unseren Wagen wiederzufinden. Wir stimmten ab und entschieden uns, nach rechts loszulaufen.

Nach einer guten halben Stunde, die mir in meinen hochhackigen Schuhen wie ein Gewaltmarsch von zig Kilometern vorkam, war klar, dass dies die falsche Richtung war. Also kehrten wir um und suchten in der anderen.

Inzwischen hatte ich mir die Schuhe ausgezogen und lief auf Strümpfen. An einer Straßenbahnhaltestelle standen tatsächlich noch ein paar Menschen, und so fragten wir sie kichernd und albern, ob sie nicht unser Auto gesehen hätten? An ihre Antwort kann ich mich nicht mehr erinnern, aber hilfreich war sie sicher nicht, denn wir liefen noch gut eine Stunde vollkommen orientierungslos durch Frankfurt, bis uns der Zufall schließlich in die kleine Nebenstraße führte, in der unser Wagen unschuldig und geduldig auf uns wartete. Es war inzwischen fast 2 Uhr, und wir ahnten, dass wir vielleicht am nächsten Morgen nicht ganz so fit sein würden, wie wir es eigentlich gehofft hatten, als wir zwei Stunden zuvor das Lokal verlassen hatten.

An einem anderen Abend tranken wir in Sachsenhausen bis in die frühen Morgenstunden Äppelwoi, und so war ich irgendwann so müde, dass ich mir nichts mehr wünschte, als Schlaf. Dennoch ließ ich mich am Abend überreden, mit meinen Freunden den James Bond Film „Goldfinger" mit Gerd Fröbe in

Frankfurts erstem Autokino in Gravenbruch anzuschauen. Ich ließ mich nicht nur überreden, mitzugehen, ich erklärte mich auch bereit, zu fahren.

Wir kamen im Autokino an, die Lautsprecher wurden in den Wagen gehängt, der Film begann, und das letzte, woran ich mich erinnere, war nach dem Vorfilm und der Werbung das Lied „Goldfinger" aus dem Vorspann. Dann fielen mir die Augen zu. Als der Film zu Ende war, weckte man mich und ich fuhr alle zurück nach Mörfelden. Noch heute weckt alleine das Wort Autokino bei mir immer wieder die Erinnerung daran, dass ich außer einer guten Portion Schlaf nichts von meinem ersten Autokinobesuch mitbekommen habe.

Auf der Messe selbst sorgten unsere Feriela für Aufsehen. Ich stellte den „Gotthard", Ferielas Flaggschiff und teuerstes Caravanmodell aus. Schon in der ‚einfachen' Grundausstattung kostete es 20.000,00 DM. Der „Gotthard" hatte im Heck eine Art Kofferraum, den viele Kunden für einen Kühlschrank hielten. Im Innern war er ausgestattet mit einem richtigen Wohnzimmer mit einer hellen Ledergarnitur, bestehend aus 2 Sesseln und einer Couch, sowie einem Beistelltisch. Als Heizung hatte er eine Ölheizung mit Ofen und großem Bullauge, den die Kunden, die oft nur einen kurzen, ehrfürchtigen Blick hineinwarfen, manchmal für einen Fernseher hielten, was sie sehr beeindruckte. Die Preisklasse der „Gotthard"-Modelle pendelte zwischen deutlich mehr als 20.000,00 DM und 45.000,00 DM, dem edelsten Modell, das sogar goldene Wasserhähne hatte.

Nach einer der Herbstmessen musste ich schließlich einen Feriela mit Tandemachse überführen. Ich fuhr also wie immer abends direkt nach der Arbeit nach Gefrees. Oma Fraaß hatte mir das Bett bereits mit Kupferwärmflasche und heißem Stein angewärmt, denn es war bereits sehr kalt. Nach einer sehr kurzen Nacht fuhr ich dann am nächsten Morgen in die Grundmühle nach Marktschorgast und hängte den Caravan

Gotthard ist der Längste

Ein Wohnwagen mit allem Komfort

zo. Frankfurt, 12. September

Er ist so lang wie zwei VW-„Käfer": der längste Wohnwagen auf der IAA. Gooou 7,50 Meter.

Und so gewaltig, wie die Ausmaße des rollenden Hotels sind, ist auch der Preis: 20 000 Mark. Nur etwas für dicke Brieftaschen. Denn auch der Zugwagen muß groß und stark sein. Mindestens also ein 2-Liter-Wagen oder ein amerikanischer Straßenkreuzer.

Der „Lange" (1550 kg wiegt er) heißt Gotthard, hat eine hübsche kleine Küche, in der sich die Hausfrau gut bewegen kann, ein großes Wohnzimmer, natürlich eine Toilette, Schränke, Regale. Kurz: alles wie zu Hause. Am Heck gibt es sogar noch einen Kofferraum.

Viele Käufer, meist Großkaufleute, benutzen den „Gotthard" als rollenden Konferenzraum. Ganz leicht allerdings ist es nicht, mit dem etwa 12,50-Meter-Gespann (Auto und Anhänger) in den Urlaub oder zur Konferenz zu fahren. Hersteller Feriela jedoch meint: Man gewöhnt sich daran.

Zeitungsausschnitt von der IAA Frankfurt 1965. Tanz im Feriela. (Archiv: Maria Dhonau)

Keine Party irgendwo zu Hause. Hier wird in einem Wohnwagen mit allen Schikanen getwistet: Küche, Wohnzimmer und Bad.

Mit 7,50 m ist er der längste Wohnwagen auf der IAA   *(Archiv: Maria Dhonau)*

an. Wie groß war mein Schreck, als ich feststellte, dass er eine Hydrakuppbremse, also eine Öldruckbremse hatte, für die ich aber am Auto keinen Anschluss besaß. Wie hatte ich das bloß übersehen können?

Den Caravan zurückzulassen, heimzufahren und mit einem anderen Wagen zurückzukommen kam nicht in Frage. Mir blieb bloß die Möglichkeit, den Caravan ungebremst die 450 km zurück nach Hause zu ziehen. Heute wäre eine solche Entscheidung unmöglich, damals ging das irgendwie.

Auf dem Heimweg allerdings regnete und stürmte es, auch das noch! Ich fuhr sehr vorsichtig und umsichtig und hatte nur Angst vor den Kasseler Bergen, denn die waren schon mit gebremstem Anhänger ziemlich tückisch.

Ich nahm meinen ganzen Mut zusammen und fuhr die lange, kurvig bergab führende Straße im Knüllwald mit großem Unbehagen hinunter. Es kam, wie es kommen musste: eine Böe erfasste den Caravan und er begann hinter mir zu schlingern. Bremsen hatte keinen Zweck, also betete ich nur, dass ich es bis zum nächsten Anstieg schaffen würde. Ich schlingerte von einem Autobahngrünstreifen zum nächsten, hatte schweißnasse Hände und wagte kaum, zu atmen. Ich kann mich auch bis heute nicht erinnern, wie viel Verkehr war und wie die anderen Autofahrer auf mich und meinen sehr unkonventionellen Fahrstil reagierten, denn ich war einfach bis aufs äußerste auf mein Gespann konzentriert.

Irgendwie ging es tatsächlich gut, ich schaffte dieses Teilstück ohne Unfall, und endlich ging es wieder bergauf. Der Caravan kam wieder ins Gleichgewicht, und am Ende bin ich tatsächlich gesund zuhause angekommen. Da hatte ich wirklich noch mal Glück gehabt, und ich war froh, dass es bei dieser Fahrt ‚nur‘ um mich und den Caravan gegangen war.

Das sollte nicht immer so sein.

*Loslassen tut weh. Es macht aber auch die Hände frei,
um aus dem, was bleibt, etwas Neues aufzubauen.*
(Maria Dhonau)
1967–1970

„Mama! Pass auf! Da ist die Straße gleich weg!" Thomas
presste sein Gesichtchen aufgeregt gegen das Beifahrerfenster.
„Alles klar." Ich lenkte mehr nach links. „Besser so?", fragte
ich und warf einen kritischen Blick aus meinem Fenster, um zu
sehen, ob ich uns nicht gerade auf die im Nebel kaum zu erken-
nende Gegenfahrbahn lenkte.
„Ja", kam die etwas zögerliche Antwort meines vierjährigen
Sohnes, der sich in größter Aufmerksamkeit auf diese unglaublich wichtige Aufgabe konzentrierte. Wie groß er schon war!
Wie vernünftig, manchmal! War dieser ernste Junge, der mich
hier mit großen Augen aufmerksam durch den Nebel lotste, derselbe Knirps, der vor ein paar Wochen erst mit seinem Freund
heimlich unter einem unserer Wohnwagen gezündelt hatte? Als
die beiden Spezialisten, denen das Spielen mit Streichhölzern
strengstens verboten war, bemerkten, wie der Wohnwagen über
ihnen anfing zu brennen, rannten sie sicherheitshalber weg, und
so passierte Gott sei Dank nichts, was eine Versicherung nicht
regeln konnte. Aber der Schreck! Ich durfte gar nicht daran
denken.
Und wenn ich heute diese Nebelfahrt im Herbst 1967 Revue
passieren lasse, dann bricht mir auch immer noch der kalte
Schweiß aus. Ich hatte das Kind nicht mitgenommen, weil ich
einen Sozius benötigte. Thomas und seine kleine Schwester
Vera, die friedlich auf dem Rücksitz schlief, waren bei mir,
weil sie sonst nirgendwo hätten sein können.
Als ich noch vor wenigen Monaten mit Vera hochschwanger
war, hatte sich mein Mann bereit erklärt, selbst eine Überfüh-

rung zu machen. Er nahm Thomas mit. Auf der Fahrt schlief er jedoch vor Erschöpfung am Steuer ein und fuhr eine Böschung hinauf. Gott sei Dank kamen weder Thomas noch sein Vater zu Schaden. Wir zogen daraus aber gemeinsam eine Lehre. Offensichtlich war es klüger, wenn ich die Überführungen übernahm und meinen Mann entlastete. Weshalb ich mich nun also mit beiden Kindern wieder selbst auf dem Weg nach Hause befand, mit einem neuen Caravan an der Anhängerkupplung, den ich durch den Nebel kaum hinter mir erkennen konnte. Ich spürte ihn lediglich als Last, die gezogen werden wollte. Vorsichtig und behutsam, auf engen, schlecht beleuchteten Landstraßen durch eine früh hereingebrochene, kühle, undurchsichtige Herbstnebelnacht.

Ich hatte Thomas den Reißverschluss seiner warmen Winterjacke bis unters Kinn hochgezogen und ihm die Wollmütze über die Ohren und tief in die Stirn gezogen. Vera hatte ich mit meiner eigenen Jacke zugedeckt, damit sie nicht auskühlte, dort hinten, wo sich die kühle Herbstluft wirbelnd über dem Rücksitz tummelte, ehe sie an meinem kalten Kopf vorbei wieder den Weg nach draußen fand.

Mein Großer musste sich hinknien, um etwas sehen zu können, und ich hatte verboten, sein Fenster herunterzukurbeln. Wenn er so nicht genug erkennen konnte, dann würden wir eben noch langsamer fahren. Und wenn gar nichts mehr ging, dann würde ich an der nächstmöglichen Stelle anhalten, die beiden Kinder in den Wohnwagen in die unberührten Betten neben mich legen, uns mit meinem Mantel zudecken und den Morgen abwarten.

Das Jahr 1967 stellte sich für mich am Ende als starkes Jahr heraus, aber zum Jahresanfang war dies nicht abzusehen, als meine kleine Vera nur einen Monat nach ihrer Geburt mit schweren Atemstörungen und Übergeben plötzlich mit Verdacht auf einen Tumor im Hals in eine Spezial-Kinderklinik ins 20 km entfernte Detmold kam. In jener Zeit durfte man sein Kind nur durch eine Glasscheibe hindurch betrachten, eine schier unglaubliche Qual für Kind und Mutter. Wie gerne hätte ich den armen Wurm im Arm gehalten, gestreichelt, getröstet und beruhigt. Was waren das für unglaublich grausame Methoden? Ich fühlte mich mit meiner großen Sorge und Not vollkommen alleine. Mein Mann arbeitete bis zur völligen Erschöpfung in der Werkstatt, und ich vermisste seine emotionale Unterstützung so sehr! Für die Blitzbesuche bei meiner Tochter in der Klinik stahl ich mir mittags Zeit, fuhr nach Detmold und weinte hinter meiner Glasscheibe, fast acht Wochen lang. Dann stand endlich die Diagnose fest. Es sei eine Kehlkopfweichheit, die sich auswachsen würde. Meine Erleichterung kannte keine Grenzen. Ich fuhr schnell heim und überbrachte die gute Nachricht. Die Antwort meines überarbeiteten Mannes schockierte mich. Er sagte: „Jetzt, wo wir Saison haben, könnte sie doch noch ein paar Wochen da bleiben." Heute weiß ich, dass ich nur das hörte, was ich hören wollte und längst keine Antenne mehr hatte für die emotionale Leere, in der ich ihn zurückgelassen hatte, als ich begonnen hatte, mich innerlich von ihm zurückzuziehen.

Ich schüttelte den Kopf.

Verflucht, diese Nebelbank musste doch auch einmal ein Ende nehmen! Ich fuhr die Strecke von Marktbreit, dem damaligen Produktionsort von Knaus, zu unserem Wohnort nun wirklich nicht zum ersten Mal.

Nie aber hatte ich auf einer Tour, bei der ich die Kinder dabei hatte, eine solche Nebelsuppe erlebt wie diese.

Ich war heilfroh, dass die kleine, zarte Vera so schön schlief, und schickte ein Stoßgebet zum Himmel, als sich der Nebel endlich lichtete und wir dann schließlich in den frühen Morgenstunden heil und gesund zuhause ankamen. Ich trug die beiden schlafenden Kinder ins Haus, ging wieder hinaus, schloss den Wagen ab und zog die Haustür aufatmend hinter mir ins

Schloss. Dann streifte ich mir die kalten Schuhe von den steifen Füßen und ging leise ins Bad.

Ich war froh, dass mein Mann nicht aufwachte. Er hatte viel Arbeit, wenn ich so wie heute den ganzen Tag unterwegs war. Ich hielt meine kalten Hände unter das fließend warme Wasser und versuchte, das Klappern meiner Zähne zu kontrollieren. Ich war entsetzlich müde, hungrig, durchgefroren und dennoch zufrieden und glücklich. Solange er nicht aufwachte.

Ich schlich leise ins Schlafzimmer, legte mich vorsichtig ins Bett und schloss die überanstrengten Augen.

Hätte ich mich gefreut, wenn sich eine warme Hand im Halbschlummer zärtlich an mein Gesicht herangetastet hätte, um mir zu signalisieren, dass dort neben mir jemand lag, der sich freute, dass ich gesund zurück war? Meine letzten Gedanken galten in diesen kurzen Nächten nicht dem Mann an meiner Seite, auch nicht den Kindern, von denen ich ja wusste, dass sie sanft schlummernd und gut behütet in ihren Bettchen lagen. Sie galten meiner Arbeit. Sie galten den Caravans. Sie galten der Zukunft, die ich für mich aufbaute. Und sie galten, noch ein wenig verdeckt aber unüberhörbar der Frage, ob ich nicht lieber den Weg dorthin alleine gehen wollte, weil Alleinsein einfacher sein musste als zu zweit einsam zu sein.

In diesem Jahr konnte ich durch meine Vertretungen den Caravankunden bereits alle Komfortklassen anbieten: die grandiosen Vollkunststoff-Caravans von Focke-Wulf (die gute Mittelklasse im allgemeinen Sortiment); die preiswerten Kleinz Nahegold-Modelle; die Knaus Modelle natürlich, und für die gehobenen Ansprüche die teuren Feriela Gotthard-Modelle. Immer mehr Wohnwagen standen auf dem Platz rechts von der Tankstelle, den ich stolz mit einem großen Schild „Wohnwagen Schau" nannte. Zu meinen Kunden gehörten viele Schausteller, und an einen Schausteller aus Rheydt verkaufte ich in diesem Jahr schließlich meinen teuersten ‚Gotthard' für 45.000,00 DM, wieder einer mit goldenen Wasserhähnen. Nachts um halb vier lieferte ich ihn an, nachdem ich – was heute unmöglich wäre – diesen 8,50 Meter langen Caravan mit einem 190er Mercedes Diesel mit 53 PS von Marktschorgast nach Rheydt überführt hatte, allerdings diesmal nicht ungebremst!

Ende 1967 bekam ich überraschend Besuch vom damaligen Geschäftsführer der VFW-Caravans, Herrn Adler. Er gratulierte mir. Ich sei die beste Verkäuferin der VFW-Caravans in der Saison 1966/1967. Dann überreichte er mir eine wunderschöne Krokodillederhandtasche, die ich noch heute besitze.

Ich arbeitete wie ein Roboter. Alleine in der Pfingstwoche 1967 fuhr ich 10.000 km, um alle Wohnwagen zu überführen, die ich auf der Frühjahrsmesse verkauft hatte. Noch immer waren nämlich keine Spediteure am Dienstleistungshimmel zu sehen, auch wenn ansonsten viel in der Welt in Bewegung war: Das Rockmusical ‚Hair‘ wurde in New York uraufgeführt, Benno Ohnesorg starb bei einer Anti-Schah-Demonstration in Berlin, ARD und ZDF stiegen ins Farbfernseh-Zeitalter ein, Eduard Zimmermann nahm seine Ermittlungen auf, Martin Luther King und 120.000 Anhänger demonstrierten in den USA gegen Vietnam, Che Guevara starb, und in Kapstadt wurde zum ersten Mal ein menschliches Herz verpflanzt.

Jemand bekam in Afrika ein fremdes Herz und starb 18 Tage später an einer Lungenentzündung. Da ging es mir doch wirklich vergleichsweise gut, oder nicht? Ich hatte mein Herz an eine ganze Branche verloren. Heute weiß ich, dass genau dies der Grund war, warum meine Ehe nicht funktionierte. Aber damals? Andere Paare erlebten doch auch anstrengende Aufbaujahre, und blieben zusammen wie Pech und Schwefel, in vielen Fällen sogar richtig glücklich! Warum funktionierte es bei uns nicht? Wir waren jeder dem anderen zu wenig. Und jedem von uns war der andere zu viel. Wir waren in den vergangenen acht Jahren unmerklich mehr und mehr von einander abgerückt, und der Raum zwischen uns blieb leer. Das heißt, eigentlich blieb er nicht leer. Mein Mann füllte ihn mit seiner Arbeit, und ich füllte ihn mit meiner Arbeit Und mit den unerfüllten Sehnsüchten einer jungen Frau Ende Zwanzig.

Unerfüllte und vor allem völlig diffuse Sehnsüchte, wie ich heute weiß. Das herzhafte Lachen und Herumalbern mit Freunden auf den Caravan Messen, das Herzklopfen, wenn ein Mann mit mir flirtete, das Erröten, wenn mir jemand, den ich kaum kannte, augenzwinkernd Blumen schenkte – all diese kleinen Dinge ließen mein Blut rauschen und erfüllten mich mit einer Lebensgier, die so nie hätte wirken können, wenn mein Herz tatsächlich dem Mann gehört hätte, den meine Kinder ‚Papa‘ nannten.

Lebenshungrig war ich und ausgehungert nach seelischen Streicheleinheiten. Die kleinsten Komplimente konnten mich buchstäblich von den Füßen fegen. Es dauerte auch nicht mehr lange, und dieses Gefühlschaos suchte sich schließlich ein längst fälliges Ventil. Dass dies meine Welt aus den Angeln heben würde, ahnte ich damals noch nicht.

Gerade wenn man jung ist und mit viel Arbeit eingedeckt, wenn man kleine Kinder hat und eine schwierige Beziehung lebt, dann neigen die Jahre dazu, sich im Rückblick zu verdichten. Es sind die Highlights, an die man sich später erinnert, die Höhepunkte, die ein Jahr vom anderen abheben.

Die Arbeit auf der Tankstelle bestimmte meine Tage, meine Jahreszeiten waren von den Caravan Messen bestimmt. Sie gaben meinen Jahren ihren Rahmen. Ich bereitete entweder eine Messe vor, oder ich arbeitete ab, was ich auf einer Messe an Aufträgen bekommen hatte. Ich beobachtete, was die Hersteller entwickelten, ich versuchte Kunden zu gewinnen und an mich zu binden, und abgesehen von meinen Kindern war mir nichts wichtiger als mein Beruf.

Und dann waren da natürlich die Kontakte zu den Herstellern

der Caravans, die ich verkaufte oder vielleicht gerne verkauft hätte. Was hätte ich zum Beispiel für die Vertretung von Tabbert gegeben! Das Ehepaar Tabbert lernte ich auch persönlich kennen. Sie waren damals in ihrem Haus so eingerichtet, wie die Tabbert-Caravans von innen, was ich unglaublich originell fand. Viele meiner Kunden waren übrigens Schausteller, und die liebten diese Caravans, ebenso wie bis heute das fahrende Volk. Ich lernte in dieser Zeit auch einen Mitarbeiter der Familie kennen, einen sehr attraktiven Mann, in den ich mich um ein Haar verliebt hätte. Ich ertappe mich bei Erinnerungen an unseren harmlosen Flirt und muss schmunzeln. Man möge mir an dieser Stelle die nostalgische Schwärmerei einer romantisch veranlagten über 70-jährigen alten Dame verzeihen!

Noch stand für mich meine kleine, wenngleich nicht besonders glückliche Familie im Vordergrund, den sie sich aber immer mit meinen Kunden teilen musste. Ich erinnere mich, dass ich am ersten Weihnachtstag des Jahres 1967 in meiner Küche stand und das Weihnachtsessen vorbereitete. Von hier aus hatte ich durch das Küchenfenster hindurch einen guten Blick auf unseren kleinen Wohnwagenplatz.

Während ich mir mit dem linken Handrücken Tränen von der Wange wischte, die mir eine Zwiebel für die Bratensoße in die Augen ge-

1967 bei einem Spaziergang im Kurpark mit meinen Kindern Thomas und Vera. (Foto Dhonau)

trieben hatte, bemerkte ich, wie sich ein Pärchen langsam und neugierig zwischen den Wohnwagen hin und her bewegte. Kurz entschlossen stellte ich alle Herdplatten ab, schob die heißen Töpfe so zurück, dass keines der Kinder daran kommen konnte, scheuchte sie ins Kinderzimmer, schloss die Küchentür, band mir die Schürze ab, schaute im Flurspiegel kurz, ob meine Frisur halbwegs saß und ging hinaus.

Ja, sie suchten einen Caravan. Das hatten sie sich am Heiligen Abend selbst als Geschenk unter den Tannenbaum gelegt.

Nach knapp einer Stunde hatten sie den Vertrag für ihren VFW 450 unterschrieben.

Ich ging zurück ins Haus, rief die Kinder, band mir meine Schürze um, öffnete die Küchentür, stellte den Herd wieder an, schob die Töpfe zurück und begab mich wieder in den Zweikampf mit der Zwiebel. Na und? Das Weihnachtsessen kam so halt eine Stunde später auf den Tisch. ‚Feiertage' und ‚Feierabend' waren für mich schon seit Jahren nur theoretische Begriffe. Es gab einfach keine Zeiten, in denen ich nicht bereit war, zu verkaufen. Und manchmal hieß das eben auch, dem Christkind ein wenig unter die Arme zu greifen.

Aus dem Jahr 1967 ist mir noch eine nette Anekdote in Erinnerung. Eines Tages sah ich ein Ehepaar an der Tankstelle, das sich sehr interessiert die Wohnwagen anschaute. Ihre Fahrräder hatten sie abgestellt. Ich ging zu ihnen, und wir plauderten. Sie interessierten sich für einen Faltwohnwagen. Dieser Wohnwagen, der auf dem ersten Blick einem Lastenanhänger glich, konnte mit wenigen Handgriffen auseinandergeklappt und aufgebaut werden. Wie von Zauberhand entfalteten sich dann ein Vor- und Hauptzelt, in dem sogar zwei Schlafkabinen zum Vorschein kamen, so dass man erhöht schlief. Auch eine kleine Küche war darin. Das Ehepaar war begeistert, und wir sprachen über den Preis. Als es dann ans Bezahlen ging, fragte mich der Mann plötzlich: „Und wie kriege ich die Kupplung für den Wohnwagen an mein Fahrrad?" Es dauerte einen Moment, bis ich begriff. Er hatte allen Ernstes geglaubt, er könne den schweren Hänger mit seinem Fahrrad ziehen! Der Verkauf kam natürlich nicht zustande, aber unsere Begegnung endete mit herzhaftem Lachen auf beiden Seiten.

Im Frühjahr 1968 lernte ich auf der Caravan Frühjahrsmesse abends beim Essen – wir schliefen immer noch nachts auf dem Parkplatz in unseren Caravans – einen gut aussehenden, hartnäckigen, viel zu jungen Charmeur kennen, der es sich offensichtlich in den Kopf gesetzt hatte, mich zu erobern. Eine Weile noch konnte ich mir einreden, er sei mit seinen 24 Jahren für eine fast Dreißigjährige einfach viel zu jung. Gleichzeitig konnte ich seine heimlichen Anrufe kaum erwarten. Es kam, wie es kommen musste. Eines Tages, es war schon nach 21 Uhr und die Kinder schliefen, da klingelte mal wieder das Telefon in meinem Büro, das in einem Zimmer unserer Wohnung untergebracht war. Ich war in mein Telefonat so vertieft, dass ich nicht bemerkte, wie mein Mann ins Zimmer kam und versteinert seiner Frau zuhörte. Was ich sehr wohl bemerkte, war der gewaltige Schmerz, als er mir den Hörer entriss und mir mit voller Wucht ins Gesicht schlug.

Heute weiß ich, wie groß der Druck gewesen sein muss, unter dem mein Mann stand, der nahezu tatenlos mit ansehen musste, wie ihm seine Frau entglitt. Aber damals? Die Redewendung, dass etwas ‚mit einem Schlag zu Ende geht', stimmt immer dort, wo körperliche Gewalt ins Spiel kommt. Noch nie hatte er mich geschlagen. Ich rief meinen Bruder an, packte die Sachen der Kinder zusammen, weckte sie, zog sie an und verließ mit ihnen innerhalb von nur einer Stunde unsere gemeinsame Wohnung.

Mein Mann wollte nicht glauben, dass ich bereit sei, alles einfach so aufzugeben, und aus heutiger Sicht würde ich die Zeit nach meinem Auszug mit dem Wort ‚Psychoterror' zusammenfassen. Allerdings verstehe ich inzwischen auch, wie sehr ich sein Weltbild zerrüttet haben musste. In einer Ehe, in der die Liebe fehlt, fehlt auch die Fähigkeit zur Kommunikation. Was genau wusste er damals eigentlich über mich und wie ich litt? Was habe ich je begriffen von seinem Leid? Wie viel Schmerz kann ein Mann, der keine Möglichkeit hat, über seine eigenen verletzten Gefühle zu sprechen, verkraften? Wer half ihm, während der Zorn über das Verlassen-worden-sein und die Demütigung ihren Kampf hinter seiner Stirn vollzogen? Ich wusste es nicht, und damals interessierte es mich auch nicht.

Es kam, wie es kommen musste.

Um mich ihm zu entziehen, zog ich mit den Kindern fort. Ich fand Unterschlupf bei einer Cousine in Alpen und mit ihrer Hilfe schließlich eine Wohnung in Rheurdt. Dort lebten wir in schlichtesten Verhältnissen, mit geliehenen Möbeln und einer Matratze auf der Erde. Einfach, aber glücklich. Ich hatte zwar keine genaue Vorstellung davon, wie es weitergehen sollte, aber ich war jung, gesund, ehrgeizig und arbeitswillig. Ganz sicher würde ich ohne allzu große Mühe auf die Beine kommen können. Und ich war frei! Ich hatte ein Leben, ein eigenes Leben! Und das schrie förmlich danach, geführt zu werden. Und gefüllt zu werden mit allem, was mir bisher gefehlt hatte. Vor allem mit Liebe. Die Frau in mir war erwacht und ließ sich nicht mehr zum Stillschweigen verdammen.

Was war ich naiv!

Mein Mann dagegen hatte sich beraten lassen. Von einem Anwalt. Und so kam eines Tages ein Schreiben, das mir untersagte, meinem Mann seine Kinder zu entziehen. Damals war die Rechtsprechung noch nicht besonders frauenfreundlich. Es galt die Frage nach der so genannten ‚Schuld‘, und die veralteten Normen des BGB beruhten noch auf der Fassung von 1896. Das Sorgerecht für minderjährige Kinder wurde in aller Regel dem ‚schuldlosen‘ Teil zugesprochen. Es sollte noch zwei Jahre dauern, ehe das Eherecht modernisiert werden würde. Scheiden tat auch ohne diese ganze Bürokratie weh, vor allem den Kindern. Aber wir befanden uns im Jahre 1968, und mein Mann verlangte mit anwaltlicher Unterstützung, dass ich ihm seinen Sohn für einen Tag überlasse. Vera war einfach noch zu klein. Was hätte er mit ihr anfangen sollen?

Folgsam traf ich mich mit ihm und übergab ihm unseren Sohn. Und wartete am Abend vergebens darauf, dass er Thomas zu mir zurück brachte. Von meinem Anwalt bekam ich den zweifelhaften Rat, es genauso zu machen: einen Termin zu erzwingen und das Kind dann einfach zu behalten. Was dachten sich die Männer nur?! Was stellten sie sich denn bloß vor, wie ein Kind mit einem solchen Gezerre umgehen sollte? Und wie sollte es dies dann auch noch psychisch halbwegs gesund überstehen?

Thomas blieb bei seinem Vater, seiner Großmutter und seinen Tanten. Mein Mann hatte gehofft, da war ich mir sicher, mich mit dem Jungen zurück nach Hause zwingen zu können, aber ich weigerte mich. Die Sehnsucht nach meinem Sohn zerriss mich zwar in den folgenden Wochen und Monaten buchstäblich, und ich kann mich aus dieser Horror-Phase meines Lebens nur an endloses Weinen um mein verlorenes Kind erinnern. Aber ich wollte nicht wieder zurück. Und ich ging nicht zurück.

Stattdessen ging ich mit meiner kleinen Tochter geradeaus weiter, schnurstracks in die nächste hausgemachte Hölle.

Mein neuer, junger und hartnäckiger Freund, dessen Telefonat mit mir das faktische Ende meiner Ehe ausgelöst hatte, tröstete mich so gut er konnte, und da ich des Trostes dringend bedurfte und mich endlich aufrichtig und auch leidenschaftlich geliebt und vor allem verstanden fühlte, heirateten wir nach meiner Januar-Scheidung Anfang 1969 am 4. März desselben Jahres. Ich zog mit Vera nach Mülheim an der Ruhr.

Um es gleich vorweg zu nehmen, diese Ehe scheiterte 1974. Die Erinnerungen daran wühlen mich bis heute auf. Ich will und werde sie daher nicht im Detail beschreiben. Dennoch gehören die Jahre und viele Erlebnisse aus jener Zeit zu meinem Leben, und an manches erinnere ich mich gerne. Sie haben mich weiter gebracht, haben mich und meine Familie geprägt.

Um etwas Geld zu verdienen, arbeitete ich ab 1969 auf der Kölner Straße bei der Firma Mevissen als Caravan-Verkäuferin. Mevissen verkaufte Caravans und Mobilheime, die fest auf Campingplätzen installiert wurden und manchmal auch als Dauerwohnsitze genutzt wurden.

Die Abende verbrachten wir als junges Paar häufig in unserem Caravan an der Ruhr, bei ‚Dicken am Damm' und unseren Freunden. Wir übernachteten dann in unserem Wohnwagen, einem Feriela ‚Arlberg', in dem dann im Juni 1969 mein jüngster Sohn Kai gezeugt wurde. Kai ist heute Chef des HYMER-Zentrums B1, das an der Kölner Straße in Mülheim liegt, der größten Caravanstraße Europas. Wenn man ihn auf seine Liebe zu Caravans und Wohnmobile anspricht, dann antwortet er gerne mit einem Augenzwinkern: „Ich durfte vieles lernen und bin Bankkaufmann, Diplom-Kaufmann, Informatiker und Coach. Aber vor allem bin ich buchstäblich ein Caravan Kind, und diese Liebe fließt durch meine Adern!"

Tatsächlich, und hier greife ich ein wenig vor, gibt es eine sehr schöne Anekdote, die Kai's Affinität zu seinem Job wunderschön zeigt. Im Alter von nur 2½ Jahren verkaufte dieses Kind seinen ersten Caravan. Kai war immer in meiner Nähe und hat buchstäblich in einem Caravan Krabbeln und Laufen gelernt. Aber er hat viel mehr getan als das, er hat vor allen Dingen seine Mama ganz offensichtlich sehr genau beobachtet.

Eines Tages saß ein älteres Ehepaar in einem Wohnwagen, in den er gerade hinein gekrabbelt war. Er sah sie dort sitzen und fing, so wie er es von mir abgeschaut hatte, sofort an, den Wohnwagen zu erklären. Dabei zeigte er auf die Heizung und den Kühlschrank und so weiter und gab entsprechende Kommentare ab, so gut, wie er es als Zweieinhalbjähriger halt konnte. Als er aber dann nicht mehr weiter wusste, ging er zu der älteren Dame, schaute sie direkt an und fragte: „Willst kaufen oder nicht?"

Das Ehepaar war von dem kleinen Kerl so angetan, der ihnen auf so zauberhafte Art den Caravan erklärt hatte, dass sie tatsächlich (nach einigen unwesentlichen Ergänzungsgesprächen mit der Mama) den Vertrag unterzeichneten.

Vor ungefähr 3 Jahren kam ein etwa 50-jähriger Mann zu mir und fragte, ob ich wohl wüsste, wer er sei. Natürlich

September 1972 – Kai krabbelt gerade aus dem Caravan, den er mit 2 1/2 Jahren verkauft hat. (Foto Dhonau)

wusste ich es nicht, und so erklärte er mir, er sei der Sohn jenes Ehepaares, das seinerzeit den Caravan gekauft habe, den der kleine Kai ihnen so ans Herz gelegt habe. Diese Geschichte sei von seinen Eltern immer und immer wieder erzählt worden.

Noch aber war Kai ja nicht einmal geboren, Thomas war mir genommen worden, und meine ganze Liebe galt Vera. Und Veras ganze Liebe galt ‚Dolce', ihrer Puppe. Dolce musste überall dabei sein, und Einschlafen ohne Dolce war ein Ding der Unmöglichkeit.

Eines Tages kamen wir auf dem Campingplatz an, und als meine Tochter ins Bettchen sollte, stellte sich heraus, dass Dolce verschwunden war. Vera weinte und weinte, und am Ende suchte der ganze Campingplatz nach ihrer Puppe, vergeblich.

Nun war es nicht allzu weit von Dicken am Damm an der Ruhr

zu meinem Arbeitsplatz, also setzte ich mich ins Auto und fuhr zurück. Sie musste sie irgendwo dort vergessen haben. Und richtig. Dolce saß auf einer Mauer, als schien sie gelassen zu warten, bis wir sie abholten. Ich packte sie ins Auto, sauste zurück zur Ruhr und drückte meiner verzweifelt weinenden Tochter die Puppe in den Arm. Vera erkannte Dolce, schmiegte sich an sie, schloss die Augen und schlief auf der Stelle ein.

In diesem Augenblick habe ich mein Kind beneidet. Würde es doch nur ein Leben lang so bleiben, dass wir immer in so unmittelbarem Kontakt zu unseren Bedürfnissen bleiben könnten. Welche Umwege blieben einem dadurch im Laufe eines langen Lebens erspart!

Zwei Hände: eine zum Geben und eine zum Nehmen.
Am Ende des Tages sollte Glück durch beide gegan-
gen sein.
(Maria Dhonau)
1970–1972

Im März 1970 wurde Kai geboren, und ich kümmerte mich viel
um das Baby und arbeitete in den darauf folgenden Monaten
sozusagen mit angezogener Handbremse. Im Herbst 1970
engagierte mich die Firma Grosch. Sie machten eine Zusage
aber davon abhängig, ob ich bereit wäre, für sie Wohnwagen
zu verkaufen.

Da man mir vor allem zeitliche Flexibilität versprach und mich
auf Provisionsbasis beschäftigen wollte, stimmte ich schließlich zu und beendete damit meinen selbst auferlegten Mutter-
schutz. Vermutlich wusste man bei Grosch, wie ehrgeizig ich
war und vermutete zu Recht, dass ich täglich früh kommen und
spät gehen würde.

Damals fuhr ich einen ferrariroten kleinen Fiat 500 mit Falt-
schiebedach, an dem mein Herz hing.

Gurte gab es noch nicht, und jeden Morgen setzte bzw. legte
ich die Kinder auf die Rückbank, sprang ins Auto und sauste
von Mülheim über Essen-Kettwig nach Werden zur Arbeit. Das
Auto fuhr wie von selbst und schien jede Kurve zu kennen. Jah-
relang konnte man später noch von mir hören, dass ich mir so
ein Auto noch einmal wünschte. Ich verknüpfte halt das schöne
Lebensgefühl aus jenen Jahren mit dem Fiat und habe später
oft gedacht: ‚Das war die schönste Zeit deines Lebens!' Da ich
hier nicht schon wieder vorgreifen will, sei nur so viel verraten:
dieses Auto würde viele Jahre später noch einmal für ein sehr
schönes Gefühl sorgen!

Kai war inzwischen ½ Jahr alt. Man stellte mir bei Grosch für
die Kinder einen Caravan zur Verfügung, und meine Kunden

bedienten wir im Dreierpack: Kai auf dem linken Arm, Vera am Rockzipfel, ich mit einem Auftragsbuch in der rechten Hand. Mich hatte wieder einmal der Ehrgeiz gepackt. Es galt, die damals noch unbekannten Marken ‚Caravelair' und ‚Bürstner Delphin' an den Mann zu bringen, und ich brachte sie an den Mann. Noch nie zuvor waren bei Grosch so viele Caravans verkauft worden, wie in dieser Zeit.

Vera und Kai im Caravan auf dem Bett nach dem Mittagsschlaf (Foto Dhonau)

Als die Frühjahrsmesse 1971 vor der Tür stand, sollte ich dort erstmals für Grosch Caravans verkaufen, und ich entwickelte besonders viel Kreativität. Caravans waren noch immer teuer und für die meisten Kunden nicht so ohne weiteres zu bezahlen. Was wir brauchten, war ein kreatives, bisher nicht da gewesenes Finanzierungskonzept.

Ich beriet mich also mit meinem Versicherungsagenten Herrn Nelles, und dieser wiederum führte Gespräche mit der Deutschen Bank, und so konnte ich mit einem vollkommen neuen Konzept auf der Messe auftreten: Auf der Grundlage einer Kapital-Lebensversicherung, abzuschließen über 12 Jahre und in der doppelten Höhe des Anschaffungspreises für einen Caravan, gab es für die Kunden die Möglichkeit, diese sofort durch die Bank zu beleihen, den Caravan zu bezahlen und mit der nach 7 Jahren angesparten Summe dann den Kredit wieder abzulösen. Zum Ende der 12-jährigen Laufzeit der Lebensversicherung wurde die Restsumme samt Zinsen fällig, und meine Kunden konnten, wenn sie wollten, dann ein neues Caravan Modell gleich bar bezahlen.

Was hier vielleicht etwas kompliziert klingt, entpuppte sich für uns und unsere Kunden als absoluter Renner, mit dem ich mir auf der Messe buchstäblich Blasen an die Finger schrieb, so viele Aufträge und Lebensversicherungsanträge wollten ausgefüllt werden. Ich erinnere mich, dass ich einem Kunden gleich ein ganzes Gespann über dieses Finanzierungsmodell verkaufen konnte, denn er besaß damals noch nicht einmal ein eigenes Auto.

Mein Erfolg blieb bei den Kollegen auf der Messe natürlich nicht unbemerkt, und man zerbrach sich in den anderen Hallen den Kopf darüber, wie ich nur so viele Aufträge erhalten konnte. Wo Informationen fehlen, blüht bald die Gerüchteküche, und schnell war allen klar, dass ich vermutlich mit hohen Nachlässen die Kunden köderte. Verkaufte ich gar in betrügerischer Art die beiden Ausstellungsstücke wieder und wieder mit Nachlass?!

Als dann schließlich Wolfgang Thrun, seinerzeit Chef von TEC aber auch ein Freund, der, wie wir, seinen Caravan bei Dicken am Damm stehen hatte, an meinen Stand kam und verlangte, Einsicht in die von mir aufgenommenen Aufträge zu erhalten, konnte er fast nicht glauben, was er sah. Nicht ein Pfennig Nachlass war dort notiert! Natürlich ließ ich ihn nicht in unsere Karten schauen, und so blieben die diskret zu behandelnden Finanzierungsdetails meiner Kunden seiner forschenden Skepsis verborgen.

Später, ab 1975, und hier greife ich ein wenig vor, wurde die Centrale Credit Bank, kurz CCB genannt (die heutige Santander-Consumer-Bank) für die Finanzierung von Caravans und Reisemobile unsere Hausbank. Dabei spielten schon immer die Außendienstler der Bank für uns als Händler eine große Rolle. Stimmte da die Chemie, dann stimmte auch der Rest. Chemisch einwandfrei lief also zwischen 1975 und 1990 alles mit Herrn Taschau, dem für uns zuständigen Sachbearbeiter und Betreuer.

Damals mussten ja die Anträge und Formulare noch per Hand ausgefüllt werden, die Bonität der Kunden sozusagen ‚zu Fuß‘ geprüft und alles weitere am Telefon besprochen werden. Absprachen, die wir mit Kunden trafen, mussten immer von der Bank gutgeheißen und natürlich mitgetragen werden, und da zeigte sich schnell, dass wir es mit der CCB und vor allem bei Herrn Taschau mit einem sehr flexiblen Partner zu tun hatten, der immer wieder Wege und Lösungen fand, damit wir unsere Kunden zufriedenstellen und Aufträge nicht nur annehmen, sondern erfüllen konnten. Als dann Faxgeräte in unseren Betrieb Einzug hielten, besprachen wir telefonisch die Details und wenig später, noch während wir Sonderwünsche besprachen oder die Kunden sich mit einer Tasse Kaffee und einem kleinen Plausch mit uns die Zeit vertrieben, flatterten dann die schriftlichen Genehmigungen der Bank ins Haus.

Das Besondere an der Zusammenarbeit mit der CCB waren die attraktiven Zinsen und die Möglichkeit, durch Sonderzahlungen Kredite vorzeitig abzulösen. Das war damals neu, das war revolutionär.

1990 wurde Michaela Roth, vormals Ewald, unsere Betreuerin, und im Laufe der Jahre wurde daraus nicht nur eine unglaublich gut funktionierende Partnerschaft, sondern sogar eine regelrechte Freundschaft. Wir konnten und können uns immer zu 100% auf die Pfiffigkeit von Michaela verlassen, wenn es darum geht, Lösungen für uns und die Kunden zu finden. Die Bank selbst musste sich im Laufe der Jahre manchmal ziemlich bewegen, um sich an die Kundenwünsche anzupassen. 2006, als viele Kunden, die ihr Geld in Aktien angelegt hatten und durch die Börsenkrise plötzlich vorübergehend weder vor noch zurück konnten, hörten wir bei unseren Verkaufsgesprächen immer häufiger, dass ein Mobil erst gekauft werden würde, sobald sich die Kurse erholten, was ‚morgen‘ sein konnte, oder vielleicht erst ‚übermorgen‘. HYMER reagierte darauf sofort, und gemeinsam mit Joachim Roth, dem Abteilungsleiter der Auto-Finanzierungen, ‚bastelte' die CCB quasi über Nacht ein Finanzierungsmodell, das damals seinesgleichen suchte. Übertrieben formuliert, konnten die Kunden ‚heute' eine Finanzierung abschließen und sie ‚morgen' ablösen, ohne Zinsverlust und ohne Bearbeitungsgebühr. Kunden, die mir erzählten, ihre Versicherung würde erst in einem Jahr ausbezahlt oder ihr Haus würde erst in 4 Monaten verkauft werden, konnte ich beruhigen. Sie mussten weder auf ein günstiges Angebot verzichten noch auf genau das Modell, an das sie gerade ihr Herz verloren hatten – sie konnten zugreifen! Und dann gab es eben die Möglichkeit, eine komfortable Langzeitfinanzierung zu genießen oder, sobald es die Umstände erlaubten, alles in schnellen Schritten abzulösen.

Heute ist dieses Modell Gang und Gäbe. Mittlerweile haben wir viele andere Banken in unserer Branche, die für dieses Kundenpotenzial sehr gute und kundenorientierte Programme anbieten. Wichtige Finanzierungs-Partner sind etwa die Auto Europa Bank aus der VW-Bank Gruppe und die Deutsche Leasing Finance aus der Sparkassengruppe. Unterschiedliche Hersteller haben manchmal unterschiedliche Hausbanken. Das ist auch gar nicht so schlecht, denn Konkurrenz belebt auch hier das Geschäft, und jeder bemüht sich, der Beste zu sein.

Manchmal – wenn man zwischen mehreren gleich guten Angeboten wählen kann – hängt die Entscheidung, mit welcher Bank ein Händler zusammenarbeiten will, für die Bank an mehr als nur einem seidenen Faden. Sie hängt buchstäblich an der Bindung und Beziehung, die der Außendienstler zu seinem Händler aufgebaut hat. Im Grunde gilt dasselbe für unsere Kunden und uns. Die Menschen sind es, die die Menschen an sich binden, gerade in Zeiten, in denen man mit einem Mausklick im Internet scheinbar alles bekommen kann. Eine Beziehung, die alle Hochs und Tiefs überlebt, habe ich dort noch nirgends im Angebot gefunden. So etwas kann man nicht ersteigern, so etwas muss man aufbauen und pflegen, von Angesicht zu Angesicht. Wie gut Santander die Beziehung zur Caravan Branche gepflegt hat, spiegelt sich in der Auszeichnung „Beste Auto-Bank", die ihre Partner ihr 2006/2007 zum dritten Mal verliehen, ehe sie 2007 sogar vom DCHV den LUPO für besonders partnerschaftliches und zuverlässiges Verhalten erhielt. Auf diesen sogenannten Branchen-Oskar komme ich später noch einmal ausführlich zurück. Jetzt kehre ich aber erst einmal zurück zur Frühjahrsmesse 1971, als Autofinanzierung noch ein richtiges Abenteuer war. Ich hatte eine ungewöhnliche Idee gehabt, und die Summe meiner Aufträge auf jener Messe gab mir Recht.

Als Repräsentanten der Firma Caravelair damals meinen Erfolg für alle sichtbar honorierten, und mich während der Messe mit einem überdimensionalen Osterei, das sie demonstrativ durch die Hallen bis zu meinem Stand trugen, öffentlich ehrten, spielten die männlichen Verkäufer verrückt. Das konnte doch nicht wahr sein! Da war eine Frau, die ihnen komplett mit ihren Verkäufen die Schau stahl! Von dem Moment an war ich unter ständiger Beobachtung, aber die branchentypische Verkäufer-Ehre siegte, und ich erwarb mir bei dieser Frühjahrsmesse die kollegiale Achtung und aufrichtige Anerkennung vieler Kollegen, mit denen mich über die Jahre dann auch in sehr vielen Fällen tiefe Freundschaft verband.

Dann kam der Caravan Salon 1971. Mein Ehrgeiz war ungebrochen, die Stimmung gut, die Zahlen stimmten.

Ohne, dass ich es mitbekam, planten die Kollegen und Händler, mich zu überzeugen, mich doch bitte wieder selbständig zu machen. Sie organisierten eines Abends auf dem Caravan Salon ein Treffen in einem Essener Lokal und nahmen mich gemeinsam in die Mangel. Natürlich war ich geschmeichelt.

Ich ließ mich schließlich mitreißen und stimmte zu, es zu

versuchen. Allerdings unter einer Bedingung: Ich würde mich nur selbständig machen, wenn ich genau den Platz bekommen würde, der mir vorschwebte, nämlich ein Grundstück auf der Kölner Straße, das mich schon seit Monaten angelacht hatte. Und – ich forderte das Schicksal verwegen heraus – ich würde diesen Platz nur nehmen, wenn ich ihn für eine Pacht von höchstens 100 DM im Monat bekommen könnte!

Noch heute höre ich das Grölen der Kollegen. Einen Platz an Europas wichtigster Caravan-Straße für eine Pacht von nur 100 DM? Ich musste doch verrückt sein! Nie im Leben würde das klappen!

Den Rest des Abends verbrachten die Männer damit, mich zu überreden, meine Bedingungen ein wenig mehr der Realität anzupassen, aber ich war in Gedanken schon einen ganzen Schritt weiter. Immerhin galt es einen Verpächter zu überzeugen!

Es dauerte nicht mehr lange, dann hatte ich den Mut zusammen und schnappte mir meine beiden Kinder. Ich machte mich auf den Weg zum Besitzer des Grundstücks Kölner Straße 114. Ich erinnere mich, dass es damals wie aus Eimern schüttete. Ich hatte den anderthalbjährigen kleinen Kai auf meinem Arm, und Vera klammerte sich an meinen Rock. Triefend vor Nässe standen wir vor Mühlsiepens Tür. Ich schellte, und nach einem Augenblick öffnete ein Herr und blickte das nasse Trio vor seiner Tür erstaunt an. Freundlicherweise bat er mich ins Haus, was mich heute noch ein wenig wundert, sahen wir doch vermutlich auf den ersten Blick eher aus wie Bettler als wie zukünftige Geschäftspartner.

In seinem Wohnzimmer fasste ich mir dann rasch ein Herz und kam gleich zur Sache.

„Mein Name ist Maria Dhonau, und ich möchte Ihr Grundstück Kölner Straße 114 pachten. Und, damit Sie gleich Bescheid wissen, ich kann genau 100 DM monatliche Pacht bezahlen."

Der Herr schwieg.

„Ich würde den Platz gerne auf eigene Kosten herrichten und würde dann dort Caravans verkaufen. Das ist nämlich mein Beruf."

Er schwieg weiter.

Kai zappelte auf meinem Arm, und ich hatte Mühe Vera bei mir zu behalten, die viel lieber, nass wie sie war, gerne mal einen Streifzug durch sein Wohnzimmer unternommen hätte. Als ich wieder aufblickte, sah ich, dass mein Gesprächspartner schmunzelte.

„Soso. 100 DM Pacht. So viel, tatsächlich?"

Kurz bevor sich Vera losreißen konnte, erlöste er mich und sagte: „Na gut, junge Frau, Sie bekommen den Platz!"

Wenn ich meine Arme frei gehabt hätte, wäre ich ihm vermutlich vor Freude und Dankbarkeit um den Hals gefallen. So konnte ich nur ein heiseres aber erleichtertes „Danke!" herauspressen, mich artig verabschieden und zusehen, dass ich mit den Kindern wieder nach draußen kam. Als ich zum Haus zurückblickte, stand er noch immer lächelnd in seiner offenen Tür und sah mir nach.

Niemand konnte glauben, dass ich den Platz für 100 DM im Monat bekommen hatte. Ich musste immer und immer wieder schildern, wie mir dieser Geniestreich gelungen war. Je häufiger ich es erzählte, desto mehr schlich sich bei mir das Gefühl ein, unser bedauernswert nasser Zustand habe das Seinige dazu getan, den netten Verpächter zu bewegen, mir sein Grundstück zu überlassen. Wie dem auch sei, wir machten uns sofort an die Arbeit.

Damals gab es an der Kölner Straße keine Zufahrt zum Gelände, sondern nur eine über die Winsterstraße.

Mit Hilfe meines Schwiegervaters, der sich unglaublich für uns einsetzte, bauten wir eine wunderschöne Birkenbrücke, die uns auch von der Kölner Straße aus für Fußgänger erreichbar machte.

Die wunderschöne Birkenbrücke, gebaut von Opa Dhonau. (Foto Dhonau)

Durch Kontakte meines Schwiegervaters konnte ich den Platz am Ende noch für kleines Geld teeren lassen, und meine Euracaravan Modelle waren eine gute Basis für den Anfang. Als ich schließlich noch im Herbst die Vertretung für Dethleffs bekam, konnte sich mein Platz bei der offiziellen Eröffnung wirklich sehen lassen. Die Dethleffs-Vertretung bekommen zu haben, verbuchte ich für mich als großen Erfolg. Möglicherweise verdankte ich dies zum Teil auch Wolfgang Thrun, der mich ja außergewöhnlich intensiv auf der Frühjahrsmesse beobachtet hatte.

Ich trennte mich kurze Zeit später wieder von Euracaravan und konzentrierte mich in den nächsten 13 Jahren voll und ganz auf den Verkauf von Dethleffs-Modellen. Ich hatte es geschafft! Ich besaß meinen eigenen Platz, ich war meine eigene Herrin! Jetzt konnte es losgehen!

Ausstellungsgelände Kölner Str. 114 mit Birkenbrücke und Dethleffs-Caravans 1972. (Foto Dhonau)

Der Herbst 1971 war erfüllt vom Aufbau der neuen Existenz, von Zuversicht in die neuen Möglichkeiten, von Gedanken an Expansion und Erfolg. Als mein wunderbarer Schwiegervater vorzeitig in den Ruhestand ging, konnte er mir nach Kräften helfen.

Im Frühjahr 1972 rief mich eine Nachbarin, Frau Biro, im Büro an und sagte mir, dass sie mir in unmittelbarer Nähe zu meinem bisherigen Platz ein Grundstück verpachten könne, das im Stadtgebiet läge und nicht wie die Kölner Straße 114 im so genannten Provinzialgebiet außerhalb des Mülheimer Stadtgebietes. Das bedeutete, dass man auf dem neuen Grundstück bauen dürfe, was auf dem alten Gelände nicht möglich war.

Ich verabredete mich mit Frau Biro und sah mir das Grundstück an. Es lag an der Kölner Straße und hatte eine direkte Zufahrt. Außerdem war es zu einem Großteil bereits geteert. Im hinteren Bereich standen eine große Garage und eine kleine Holzhütte als Lagerraum. Die Pacht war natürlich höher als die vom ersten Platz und betrug 350 DM, aber ich nahm das Angebot an und unterschrieb den Pachtvertrag. Nun besaß ich also 2 Plätze an der Kölner Straße.

In den folgenden beiden Jahren – hier springe ich ein wenig in die Zukunft – baute ich den neuen Platz an der Kölner Straße 59 immer weiter aus, bis ich 1974 schließlich an der Kölner Straße 114 nur noch die Gebrauchtwagen ausstellte und an der 59 die neuen Caravans. Wir bauten die große Garage zur Werkstatt aus und boten Zubehör in einem alten Holzmobilheim an, das an der Straße stand. Groß war das Angebot nicht, aber immerhin besser als gar nichts.

Als ich dann 1975 eines Abends wieder einmal zu spät zu einem Treffen mit Freunden erschien, kam das Thema ,Bürohilfe' auf den Tisch. Einer meiner Freunde wusste, dass Margret Rolles früher in einem Büro gearbeitet hätte. Nun seien ihre Kinder aus dem Gröbsten raus und sie suche eine Teilzeitstelle. Das schien mir ein Wink des Himmels, und schon am nächsten Tag kam sie zu einem Probearbeitstag zu mir. Die Arbeit gefiel ihr so gut, dass sie bis 1991 blieb, also sechszehn Jahre lang!

Margret half mir bei den Büroarbeiten, sprach mit Kunden, wenn ich noch mit einem anderen Kunden beschäftigt war und half auch, Zubehör zu verkaufen, eine Frau für alles, eine große Hilfe und eine unglaublich treue Seele.

Margret Rolles im Büro Kölner Str. 59, eine treue Seele, die 16 Jahre bei mir war. (Foto Dhonau)

Im Haus von Frau Biro mietete ich 1977 dann einen Raum als ‚richtiges', ruhiges und ausgegliedertes Büro an. Anfangs beschäftigte ich dort nur eine Bürokraft, später zwei, nämlich die Schwestern Viehausen. Im Laufe der Jahre kamen immer mehr Angestellte dazu, denn bis 1979 boomte das Geschäft, wenn auch mit

Margret Busam im Büro Kölner Str. 59 (Foto Dhonau)

kleinen, manchmal nicht ganz unwesentlichen Unterbrechungen. Von 1991 bis 1995 stellte ich dann Margret Busam als Vollzeitkraft an, weil es inzwischen nicht mehr ohne ging.

Aber hier habe ich nun ein wenig vorgegriffen, weshalb wir wieder einen Sprung zurück machen nach 1972, das ich als sehr, sehr hartes Jahr für meine kleine Familie erinnere, die dann am 2. Dezember 1972 nur knapp einer Katastrophe entging.

Meine Firma gehörte aufgrund meiner Arbeit zu den besonders Fortschrittlichen, und so verfügte ich zuhause über eine Telefonanlage, deren Nebenstelle sich auf dem Caravanplatz befand. Am 2. Dezember holte ich Vera mittags aus dem Kindergarten, fuhr nach Hause, kochte und legte den kleinen Kai ins Bettchen. Ich zurrte ihn wie immer gut fest in seinem ‚Kindernest‘, und er sank sofort in einen tiefen Schlaf, der immer fast auf die Minute genau zwei Stunden dauerte. Ich schloss seine Kinderzimmertür sorgfältig, schnappte mir Vera und fuhr schnell zurück zum Caravanplatz, weil ich dringend noch eine Anzeige in der WAZ aufzugeben hatte. Als ich die Daten telefonisch übermitteln wollte, stellte ich fest, dass das Telefon tot war. Das konnte schon mal passieren und war auch nicht das erste Mal, denn auch wenn wir eine moderne Anlage hatten, so war sie doch nach heutigen Maßstäben nicht besonders weit entwickelt und sehr anfällig für Störungen. Ich schnappte mir also meine Tochter und fuhr zur nahen Tankstelle, um von dort aus zu telefonieren, so wie sonst auch. Als ich fast unseren Platz erreicht hatte, kam mir mit großer Geschwindigkeit das Auto unseres Nachbarn entgegen. Der Wagen schnitt mich und raste Richtung zuhause. Ohne nachzudenken trat ich aufs Gas und raste hinter den Männern her. Mit quietschenden Bremsen kam ich mitten auf der Langenfeldstraße zum Stehen, in der schon Polizei, Krankenwagen und Feuerwehr vor unserem Haus standen. Ich ließ den Wagen mitten auf der Straße stehen, rief Vera zu, sie solle sich nicht von der Stelle bewegen und rannte zum Haus. Dort kam mir dann bereits eine Nachbarin entgegen, die meinen Sohn auf dem Arm trug. Gott sei Dank! Alles andere war mir in diesem Augenblick völlig egal. Weinend nahm ich ihr meinen kleinen Sohn ab und drückte ihn so feste ich konnte an mich, während um mich herum das Chaos herrschte und man versuchte, unsere Wohnung, aus der noch immer dichter Qualm drang, zu löschen.

Später stellte sich heraus, dass ich die Herdplatte in meiner Hektik nicht ausgestellt hatte. Die große Hitze ließ die Topflappenhalter neben dem Herd schmelzen, die Topflappen fielen auf die glühende Herdplatte, und ein Feuer entzündete sich. Nachbarn hatten die starke Qualmentwicklung bemerkt, und die Feuerwehr war durch Einschlagen der Balkontür in die Wohnung eingedrungen. Dort hatten sie Kai unversehrt in seinem Zimmer gefunden. Nur der Tatsache, dass ich ihn in seinem Bettchen angeschnallt hatte und die Tür zu seinem Zimmer geschlossen hatte, die mit einer besonders guten Dichtung versehen war, verhinderte, dass ich wegen Verletzung der Aufsichtspflicht angeklagt wurde.

Im Geschäft waren die Wochen vor Weihnachten immer eine besonders ruhige Zeit, und so konnte ich mich um die Kinder und vor allem um die Wohnung kümmern. Es war nur noch drei Wochen bis zum Heiligen Abend, und ich stand inzwischen nicht nur praktisch vor den Trümmern meines Privatlebens, sondern auch im übertragenen Sinne. Ich stand nach dem Zwischenfall unter Schock. Es dauerte Wochen, bis ich nicht mehr das Gefühl hatte, als liefe mir immer und immer wieder ein kalter Schauer über den Rücken.

Zwei Tage vor Weihnachten war ich mit der Renovierung endlich fertig und mit meinen Nerven auch. Gott sei Dank war ich ausreichend versichert, und konnte wenigstens den wichtigsten Hausrat ersetzen, wie zum Beispiel die Betten, Kleiderschränke, Sessel und die Küche samt notwendigstem Zubehör. Die Kinder verbrachten viel Zeit bei den geliebten Großeltern, wo Vera auch ihren sechsten Geburtstag am 19.12. feierte, und sie haben diese anstrengende Zeit gut überstanden.

Als das Jahr dann Silvester mit Knallerei seinen Abschied nahm, war ich sicher, so ein dunkles Jahr würde ich gewiss nicht so schnell noch einmal erleben. Aber wie heißt es so schön? Der Mensch denkt, Gott lenkt.

Wenn du dich im Dunkeln verloren fühlst,
mach' das Licht an. Die Welt ist voller Schalter.
(Maria Dhonau)
1973–1974

Kai war inzwischen 2 Jahre alt, da entspannte sich das Verhältnis zu meinem ersten Mann so sehr, dass ich auch wieder Kontakt zu Thomas, meinem Erstgeborenen haben durfte. Damit das Kind besser verstehen konnte, dass manche Dinge sich nur langsam bewegen und wie relativ Zeit sein kann, schenkte ich ihm beim ersten Besuch nach so vielen Jahren der Trennung eine Schildkröte. Die Schildkröte mit ihrer fast schon stoischen Ruhe symbolisierte die Geduld, die er mit unserer Situation aufbringen musste,

Herbst 1970 – Der erste Besuch nach 2-jähriger Trennung bei Thomas mit Vera und Kai. (Foto Dhonau)

und Thomas nahm das Tier mit großem Ernst und tiefer Freude entgegen. Er kümmerte sich in den darauf folgenden Jahren sehr gewissenhaft um sein Wohl, während er sich gleichzeitig leichter mit der Situation zu arrangieren schien, dass er seine Mutter, die ihn nach wie vor sehr liebte, nicht immer sehen konnte. Ich war erleichtert, dass er so gut darauf reagierte. Damals wusste ich noch nicht, welche privaten Turbulenzen mir noch bevorstanden, und im Nachhinein bin ich froh, dass zumindest Thomas nicht so viel davon mitbekam, wie seine jüngeren Geschwister.

> Ich bin noch so klein,
> kann nicht viel geben.
> Ich hab so ein kleines,
> junges Leben.
> Ich hab ein Herz das denkt
> und spricht,
> ich hab Euch lieb,
> mehr weiß ich nicht
>
> Thomas

Dieses Gedicht brachte Thomas uns bei seinem Besuch 1971 mit.

Regelmäßig trafen wir uns und bauten ein wunderschönes Verhältnis zueinander auf. Er lernte seinen Halbbruder kennen, Vera und er verstanden sich gut, und ich hätte manchmal vor Glück weinen können, wenn ich ihn nach einer oder zwei Wochen wieder besuchte und sah, wie prächtig er sich entwickelte. Wir mussten Geduld haben, und das war für den kleinen Kerl sicher nicht einfach zu begreifen. Mein Mann wollte ihn auf gar keinen Fall hergeben, also blieb uns keine andere Wahl,

1972 – Thomas zu Besuch in Mülheim, hier mit Schwester Vera.
(Foto Dhonau)

als das zu nehmen, was wir bekommen konnten, und die Zeit miteinander zu genießen, wenn wir sie hatten.

Seit dem Brand hatte die alte Wohnung, die wir so gut es ging renovierten und neu einrichteten, so an meinen Nerven gezerrt, dass ich an manchen Tagen meinte, es dort kaum noch aushalten zu können. Durch Zufall erfuhr ich, dass in der Waldbleeke 28 in Mülheim, ganz in meiner Nähe, ein Haus mit Garten zu vermieten war, und griff zu. Für die Kinder war es das reinste Paradies. Endlich konnten sie draußen nach Herzenslust toben. Für mich ging die Arbeit weiter und das Leben, das hinter manchen Kurven mit Überraschungen aufwartet, verschonte auch mich nicht mit seinen unerwarteten Wendungen.

Am 6. November reichte ich die Scheidung ein, am 9. November 1973 hatte ich eine Routineuntersuchung beim Frauenarzt, bei der man herausfand, dass ich Veränderungen am Gebärmutterhals hatte. Man teilte mir mit, dass eine Ausschabung der Gebärmutter dringend empfohlen werde. Heute weiß ich, dass sich gerade in den frühen Siebzigern viele Frauen mit ‚Fehldiagnosen‘ dieser Art, die auf gefälschten Gutachten basierten, plötzlich in einer ähnlichen oder noch schlimmeren Situation wiederfanden. Man überredete sie, sich die Brüste amputieren, die Gebärmutter entfernen und ähnlich unnötige Dinge antun zu lassen. Vor allem privat versicherte Frauen wurden Opfer von geldgierigen Gynäkologen, denn Totaloperationen ließen sich äußerst gewinnbringend abrechnen. Gerade in den letzten Jahren und Jahrzehnten wurden viele dieser Fälle neu aufgerollt, und die Streitigkeiten um Schmerzensgeld und Schadensersatz füllten immer wieder die Presse.

Dass auch ich auf einen unseriösen Arzt hereingefallen war, der keinerlei Rücksicht darauf nahm, dass ich in Scheidung lebte und kleine Kinder zu versorgen hatte, steht für mich inzwischen fest, denn mein Arzt nahm sich einige Jahre später, als alles aufflog, in seiner Praxis das Leben.

Damals hatte ich jedoch große Angst und natürlich Vertrauen zu meinem Gynäkologen und unterzog mich dem Eingriff wie so viele vor und nach mir kritiklos und verzweifelt, zumal das böse Wort ‚Krebs im Frühstadium' nach dem ‚kleinen' Eingriff wie ein vergifteter Pfeil in mein Unterbewusstsein hineinstieß und mich zusammenbrechen ließ. Meine einzige Hoffnung war die empfohlene Totaloperation. Man hätte mich am liebsten unmittelbar nach der Diagnose operiert, aber ich bat um Zeit, damit ich wenigstens noch mit meinen Kindern Weihnachten feiern könnte. Außerdem wollte ich Vorsorge treffen für meine Kinder. Die Sorge um sie gab mir die Kraft, nicht in Trauer und Selbstmitleid zu versinken, weckte die Kämpferin in mir. Meine Kinder sollten nicht mutterlos aufwachsen, nicht wenn ich es verhindern konnte! Und so verbrachte ich die Wochen bis zur OP sehr achtsam und sehr wach und umgab mich mit Menschen, die mir Hilfe anboten. Weihnachten feierten wir mit meinen Schwiegereltern. Kai war dreieinhalb, Vera war gerade sieben geworden. Sie sollten von meinem Kummer so wenig mitbekommen, wie möglich.

Noch vor Weihnachten setzte ich ein Testament auf, verfügte, dass Bärbel die Vormundschaft für die Kinder bekommen würde und dass sie sich im schlimmsten Fall um die Abwicklung meiner Firma zu kümmern habe.

Am ersten Weihnachtstag fuhr ich mit den Kindern zu meinen Pflegeeltern und meiner Cousine und verbrachte mit ihnen Silvester auf einem Campingplatz in Hahnenklee im Harz. Um Mitternacht kam ein Camper mit einem lebenden Glücksschwein und legte es mir als erste in den Arm. Dann wurden Glückspfennige verteilt, und ich bekam gleich zwei. Ich kann kaum beschreiben, wie glücklich mich diese Gesten machten, denn in diesem Augenblick wusste ich, dass alles gut werden würde. Ich wusste einfach, dass ich es schaffen würde. Dass ich alles schaffen würde. Und mit diesem Gefühl ließ ich am

2. Januar 1974 meine beiden Kinder bei Bärbel und fuhr zurück nach Mülheim, wo ich am 4. Januar erfolgreich operiert wurde. Und zur Krönung wurde ich am 8. Januar dann auch noch in Abwesenheit geschieden.

Robert Lembke wird der folgende Ausspruch zugeschrieben: ,Mit einigem Geschick kann man sich aus den Steinen, die einem in den Weg gelegt werden, eine Treppe bauen'.

Mehr als einmal habe ich mich in jenen Jahren umgeschaut um nachzusehen, ob Lembke vielleicht irgendwie hinter mir herschlich, mich beobachtete und diesen Satz als direkte Anspielung auf mein Leben aussprach.

Gemessen an den Steinen, die mir das Schicksal meinte in den Weg legen zu müssen, würde am Ende vermutlich eine Treppe dabei herauskommen, mit der ich eines Tages in den Wolken herumpieksen könnte.

Noch während ich im Krankenhaus lag, kam der nächste Schock. In der Hauptstelle der Deutschen Bank in Mülheim hatte man irgendwie erfahren, dass ich nun nicht nur eine frisch geschiedene, allein erziehende Mutter zweier Kinder sei, die ein Unternehmen führen wollte, sondern zudem im Krankenhaus läge und in einer Branche arbeiten würde, die aufgrund der aktuellen Ölkrise mit ihren Sonntagsfahrverboten die am wenigsten kreditwürdige Branche der deutschen Wirtschaft war. Woraufhin man mir kurzerhand, ohne weitere Mitteilungen, den Kredit gekündigt hatte. Woraufhin meine im Krankenhaus ausgestellten Schecks alle platzten.

Man darf als Frau wirklich nicht vergessen, dass die Freiheiten und Rechte, die uns heute alle so selbstverständlich erscheinen, erst mühsam errungen werden mussten. Die meisten wissen heute nicht mehr, dass eine Frau bis 1977 nicht ohne das Einverständnis ihres Mannes erwerbstätig sein durfte. Er hatte sogar das Recht, das Dienstverhältnis seiner Frau ohne deren Zustimmung fristlos zu kündigen, wenn ihm danach war. Vor diesem Hintergrund kann man das Verhalten meiner Bank auch ein wenig sehen, als sie mir, der frisch Geschiedenen, lieber vorsichtshalber ihre Unterstützung entzogen. Kaum nachvollziehbar heute, aber damals bittere Realität.

Ich musste mich kümmern, und zwar persönlich, denn ich wusste, dass nur ich selbst in der Lage sein würde, eine Bank davon zu überzeugen, mir zu vertrauen. Mann und geltendes Eherecht hin oder her, also ließ ich mich am 13. Januar auf eigenes Risiko entlassen. Meine Cousine war mit den Kindern bereits wieder in Mülheim, Vera musste ja zur Schule. Ich begann, mich darum zu kümmern, dass meine finanziellen Angelegenheiten wieder in die richtigen Bahnen kamen. Mit Hilfe meines Steuerberaters gelang es mir, ein Konto bei der Sparkasse zu eröffnen und dort den notwendigen Kredit zu bekommen, der mich über diese tatsächlich ausgesprochen schlechten Zeiten für unsere Branche hinüberretten würde.

Am 15. Januar dann weckte mich ein unheimliches Geräusch aus dem Kinderzimmer. Kai hatte einen Pseudokrupp Anfall, einen Husten, der leicht zum Erstickungstod führen konnte. Obwohl ich nach meinem schweren vaginalen Eingriff nichts tragen durfte, schnappte ich mir mein Kind und schleppte ihn zum Auto. Dann fuhren wir zu seinem Kinderarzt nach Hause, der Gott sei Dank keinen Augenblick zögerte und dem erschöpften Kind eine rettende Spritze gab.

In den darauf folgenden Tagen bekam ich die Konsequenzen meiner Aktion zu spüren: Unerträgliche Schmerzen machten sich breit und wurden von Tag zu Tag schlimmer. Dumm, wie Mütter nun einmal sind, suchte ich nicht gleich einen Arzt auf, sondern versuchte mich mit vermehrtem Hinlegen und warmen Tees selbst zu behandeln, mit dem Ergebnis, dass ich am Montag, dem 21. Januar kaum noch laufen konnte. Spätestens jetzt wäre der Augenblick gewesen, sich sofort und ohne Umwege in ein Krankenhaus zu begeben, aber an diesem Tag musste ich zur Messe Essen, wenn ich auf der diesjährigen Frühjahrsmesse mit dabei sein wollte.

Also biss ich die Zähne zusammen und kroch förmlich ins Auto. Herrn Bruckmann, dem Messedirektor, war der Schreck anzusehen, als er mich erblickte. Er sagte mir später, ich habe die Farbe einer frisch gekälkten Wand gehabt, und er sei sicher gewesen, ich würde vor seinen Augen zusammenbrechen.

Die Kinder waren bei den Schwiegereltern, und nach der Besprechung ließ ich mich von meinem Steuerberater auf direktem Weg ins Krankenhaus fahren. Dort diagnostizierte man eine Wundwasserblase an der inneren Narbe, stopfte mich mit Antibiotika voll und gab mir ein Bett. In der Nacht vom 23. auf den 24. Januar platzte diese Wasserblase. Die beiden nächsten Tage verbrachte ich im Fieberwahn, und meine Freundin Marion berichtete später, ich habe sie am 26. Januar gebeten, Bärbel zu informieren, dass es mit mir nun doch zu Ende ginge.

Aber nichts ging zu Ende. Im Gegenteil. Nachdem das Fieber in der Nacht abgeklungen war, fühlte ich mich wie neu geboren und ließ mich zum zweiten Mal innerhalb weniger Wochen schon am nächsten Morgen, den 27. Januar, auf eigenes Risiko entlassen. Ich fühlte mich, als habe ich nun wirklich die Hölle durchschritten und sei auf der anderen Seite heile wieder hervorgekommen. Dünner zwar, man konnte auch sagen mager (ich wog nur noch 54 Kilo, trug Kleidergröße 34/36 und fand, sie stand mir hervorragend, allerdings sahen meine dünnen Beine aus wie verkehrt herum eingehängt), aber an einem Stück, wie man so schön sagte.

In den folgenden Wochen nahm mein Appetit wieder zu. Mein Schwiegervater kümmerte sich rührend um seine Enkelkinder, die er über alles liebte, und auf die er ungeheuer stolz war.

Für ihn war diese Zeit nicht ganz unproblematisch, denn seine Frau – immerhin meine Schwiegermutter und für die Kinder die Oma – fand sein Engagement bisweilen höchst unangemes-

Mein über alles geliebter Schwieger-
vater Opa Dhonau, dem ich sehr viel zu verdanken habe. (Foto Dhonau)

sen. Wo blieb denn die Solidarität mit dem Sohn, dem eigenen Fleisch und Blut?

Erst sehr, sehr viele Jahre später, ein Jahr vor ihrem Tod am 21. September 1989, änderte sich unser Verhältnis grundlegend. Erst feierten wir ihre Goldene Hochzeit in Tirol, dann den achtzigsten Geburtstag meines Schwiegervaters in unserem Garten mit allen Freunden der beiden, und schließlich Ende August ein großes Familientreffen mit dem in die USA ausgewanderten Teil der Familie. In der Zeit vor ihrem Tod sagte sie mir immer und immer wieder, sie wisse nicht, womit sie meine Unterstützung verdient habe und wie sie ‚das alles' je wieder gutmachen könne. Und im Krankenhaus versicherte sie ihrem Arzt, dies sei das schönste Jahr ihres Lebens gewesen. Was für eine traurige Zeitverschwendung, so viel Kraft damit zu verschwenden, einen Menschen auf Distanz zu halten, dessen Nähe einen bereichern könnte. Das gilt für uns beide, befürchte ich.

Zurück ins Jahr 1974.

Dort galt es nun, den ungewohnten Alltag einer alleinerziehenden Selbständigen zu meistern. Ich stellte eine Haushälterin ein und kam mir fast ein wenig vornehm vor. Mein Bruder und ich waren vor der Flucht in einem sehr herrschaftlichen Ambiente groß geworden, mit eigener Kinderfrau sogar, und es hatte uns nicht geschadet. Dass wir nach der Flucht bettelarm waren und meine Mutter in meinen viel zu jungen Armen nach fast halbjährigem Siechtum 1952 bereits verstarb, steht auf einem anderen Blatt. Ich denke aber, die verbreitete Hemmung, die Aufsicht über die eigenen Kinder dem Personal zu überlassen, war mir fremd. Außerdem: Welche Wahl hätte ich gehabt? Morgens frühstückten die Kinder und ich gemeinsam, dann ging Vera in die Schule und Kai in den Kindergarten. Mittags wurden sie von ihrem Großvater wieder abgeholt und nach Hause gebracht. Später, als Vera in Duisburg auf ein Tagesheim-Gymnasium ging,

Mein Bruder Toni und ich mit unserem Kindermädchen im Jahre 1943.

80

fuhr er sie jeden Morgen um 7 Uhr zur Schule und holte sie um 16 Uhr dort wieder ab. Ich weiß nicht, was wir ohne ihn gemacht hätten. Ohne ihn und ohne Frau Flücht, die morgens um halb neun zu mir ins Haus kam, den Haushalt für mich führte und bis abends blieb.

Wenn Opa die Kleinen mittags aus Grundschule und Kindergarten wieder eingesammelt hatte, wartete sie bereits mit einem schmackhaften Mittagessen. Wann immer es mir möglich war, fuhr ich mittags heim, was nicht nur für die Kinder gut war, sondern auch für mich, und so kam ich allmählich wieder zu Kräften.

Die Aussicht auf ein vielleicht doch nicht so schlechtes Frühjahrsgeschäft beflügelte mich außerdem unglaublich. Die Firma Dethleffs hatte zur Messe ein Sondermodell ‚Junge Linie' vorgestellt, einen preiswerten Caravan, der zwar nicht so stabil gebaut war wie die herkömmlichen Globetrotter Caravans, aber dennoch ein Modell, das richtungsweisend sein konnte nach der Ölkrise und das finanziell für einen ganz neuen Kundenkreis interessant zu werden versprach. Die Campingmesse im Frühjahr 1974 in Essen war als Stapellauf gedacht, und der Umsatz explodierte wie eine Bombe. Wir verkauften und verkauften und verkauften, und im Mai hatten wir die Umsatzverluste der vergangenen Monate bereits komplett wieder aufgeholt. Dies gab mir unglaublich viel Zuversicht, Mut und Kraft, und – auch wenn ich es ein wenig bereute – ich nahm weiter zu, bis ich schließlich die schönen Sachen in 34/36 in den Schrank hängen musste. Na und? Sei's drum, dachte ich und blühte auf in dem Bewusstsein, es mal wieder geschafft zu haben.

Ich kniete mich nun wieder voller Elan ins Geschäft und bekam von Dethleffs jede nur denkbare Unterstützung. Der Verkaufsleiter, Herr Frommer, gab unumwunden zu, er habe nicht geglaubt, dass ich diesen Kraftakt schaffen würde, denn ich war, ich möge seiner Wortwahl verzeihen, schließlich ein Wrack gewesen, und niemand habe mir zugetraut, diesen physischen und psychischen Stress auszuhalten.

Nun, ich hielt ihn aus. Und die Gesellschaft hielt die Ölkrise aus. Und alle Zeichen standen nun auf ‚Los!'. Die Wirtschaft explodierte förmlich, und mit ihr explodierten meine eigenen Umsätze. Ich war wieder erfolgreich!

Vor allem aber war ich endlich privat frei. Einem Vorsatz, den ich in dieser Zeit fasste, blieb ich folgerichtig bis heute treu: Nie wieder würde ich einen Mann über mein Leben bestimmen lassen. Damit wir uns nicht falsch verstehen, ich war nie ein Kind von Traurigkeit und wurde es nun auch nicht. Aber alle Männer, die mir nach meiner zweiten Ehe begegneten, sollten mein Leben leichter und fröhlicher machen. Nie wieder wollte ich mich als Frau einschränken lassen. Die Partner, die ich in den nächsten Jahrzehnten einlud, immer mal wieder einen Teil des Weges mit mir zu gehen, und sei er auch noch so kurz, sind bis heute für mich wie die sehr privaten Zweitstimmen einer Melodie, die mein eigenes Lebenslied begleitete. Sie tauchen in diesem Buch also an keiner Stelle auf, weder mit Namen noch in Szenen, weshalb sich nun alle entspannen können, die befürchtet haben, sich in diesem Buch als – wie sagt man heute so nett? – ‚Lebensabschnittsgefährte' wiederzufinden. Das schreibe ich mit einem warmen Schmunzeln, und ich bin sicher, dass es von denen, die es verstehen sollen, genau richtig aufgenommen wird.

Dieses Buch ist meinem ‚anderen' Leben gewidmet.

Welche Steine auch immer das Schicksal mir noch in den Weg zu legen gedachte, ich war bereit meine Treppe, die Lembke so nett in ein Bonmot verwandelt hat, zu besteigen. Und ich dachte gar nicht daran, damit aufzuhören ehe ich nicht wusste, wohin sie führen würde.

Die Worte ‚Freude‘ und ‚Freunde‘
sind sich nicht umsonst so ähnlich.
(Maria Dhonau)

1974–1976

Da es mir so gut ging, wollte ich am liebsten die ganze Welt an meinem Glück teilhaben lassen. Erst viele Jahre später wurde mir übrigens klar, wie viel Energie dadurch frei gesetzt worden war, dass ich nun nicht mehr stellvertretend einen völlig aussichtslosen Kampf gegen die Alkoholkrankheit meines zweiten Mannes führen musste, und wie viel Energie es mich gekostet hatte, eine Beziehung am Leben zu erhalten, die längst ihr eigenes Ende überlebt hatte.

Ich hatte auf jeden Fall das Gefühl, als müsse ich feiern, und so beschloss ich, ein Kundentreffen zu veranstalten. Wie oft hatten meine Kunden und ich, nachdem wir uns im Laufe eines Caravan Verkaufs besser kennen gelernt hatten, uns mit den Worten verabschiedet, es wäre schön, wenn man sich mal wieder sehen würde! Wie oft hatte ich gesagt: „Und wenn Sie mal in der Nähe sind, dann schauen Sie doch bei mir herein, und wir trinken eine Tasse Kaffee zusammen!“, und ich hatte das stets wörtlich gemeint.

Etliche Kunden zwinkerten mir dann zu und meinten „Ach, das sagen Sie sicher jedem! Sie sind doch froh, wenn sie uns nicht mehr sehen, weil das doch meistens mit Reklamationen zusammen hängt, oder nicht?!“

Tatsächlich gab es in jenen Jahren von den Caravankunden so gut wie keine Reklamationen, da es ja bei den Marken, die ich vertrat, nur so wenige anfällige Einbauten in den Fahrzeugen gab. Mein Kunde hatte also Recht: Wenn man nur durch Reklamationen in Kontakt geblieben wäre, hätte man sich leicht aus den Augen verlieren können.

Ich wäre keine gute Kauffrau, wenn ich mir nicht Gedanken gemacht hätte über Kundenpflege, aber eine hübsche Weihnachts- oder Neujahrskarte war mir einfach zu wenig.

Nein, ich wollte sie wirklich alle mal wieder sehen. Ich fühlte mich wie neugeboren, und nicht selten hat man in einer solchen Phase die Einsicht, dass man sich um Menschen, die für einen etwas ganz Besonderes waren, nicht genügend gekümmert haben könnte. Wenn dieser Grundgedanke auch noch dem Geschäft zugutekommen würde, dann umso besser.

Ich entschied mich also, alle meine bisherigen Kunden zu einem Kundentreffen mit Erbsensuppe und Fassbier einzuladen. Für die, die noch fahren mussten, besorgten wir Sprudel. Als Termin hatte ich mir den Samstag vor Mutter-

Die geliebte, traditionelle Erbsensuppe für die Kunden am Mariatag (Foto Dhonau)

Viele Menschen, wie jedes Jahr, erweisen mir die Ehre und besuchen mich am Mariatag. (Foto Dhonau)

tag ausgesucht, der in diesem Jahr auf den 11. Mai fiel. Ich kannte meine Kunden, ich hatte ihnen allen die Möglichkeit verkauft, sich an den Wochenenden auf Reisen zu begeben. Aber sie konnten alle reisen, wohin sie wollten, am Muttertag waren sie wieder zuhause, bei den Müttern.

Und so war es auch. Unglaublich viele Kunden nahmen meine Einladung an. Als wir das Treffen dann im nächsten Jahr zum selben Termin wiederholten, kam eine Gruppe gleich in zwei VW Bussen vom Campingplatz vorgefahren, stellte sich vor mich und sagte: „Frau Dhonau, die Bezeichnung Kundentreffen ist uns zu unpersönlich. Da Sie da draußen bei uns Campern eh nur ,Maria' heißen, haben wir beschlossen, dass dieser Tag ab heute ,Mariatag' heißt."

Tja, und so haben wir bis 1999 dann gemeinsam Jahr für Jahr bei mir unseren ,Mariatag' gefeiert. 1999 fand er dann zum fünfundzwanzigsten und letzten Mal statt. Meine Kunden und

Die 3 „Hauptaktionäre" bei der Gründung des Mariatages 1975.
(Foto Dhonau)

Und wieder ist ein Mariatag da und der dritte im Bunde macht gerade das Foto. (Foto Dhonau)

Mutter Hader hilft auch hier beim Mariatag. (Foto Dhonau)

Freunde brachten mir Blumen, ein selbst gebasteltes Weinregal, alte Werbegeschenke, die sie vor Jahren von mir bekommen hatten.

Dazu gehörten Schlüsselanhänger und Aufkleber, und einige brachten sogar gleich selbst gebackene Kuchen mit.

WOHNWAGEN
Maria Dhonau
Kölner Str. 59
433 Mülheim - Ruhr
Ruf (0208) 4 81 20 1
486232
DHONAU

Ein alter Aufkleber. Zum 25. Mariatag brachte mir ein Kunde diesen Aufkleber als Geschenk. (Foto Dhonau)

Dieser Tag war immer ein wunderbarer Festtag für mich, vor allem der letzte Termin, und Eicke Schüürmann von der Zeitschrift ‚Promobil‘, der dabei war, sagte nur „So etwas habe ich noch nie erlebt!"

1974, vor dem ersten Treffen, konnte ich noch nicht einmal ahnen, wie schwer es fünfundzwanzig Jahre später sein würde, und auch in den Jahren, die nach 1999 folgten, wenn Freunde

Eicke Schüürmann im Reisemobil auf einer Testfahrt für die Promobil.
(Foto: Eicke Schüürmann)

und Kunden nicht mehr erschienen, weil sie inzwischen gestorben waren, oder wenn sie nicht mehr kamen, weil wir ihr letztes Wohnmobil gemeinsam verkauft hatten, wenn sie aus Alters- oder Gesundheitsgründen aufhören mussten. Hätte ich geahnt, wie oft meine alten Freunde und ich, die wir doch durch so viele Jahre denselben Traum geträumt hatten, uns beim letzten Abschied weinend in den Armen liegen würden, ich bin nicht sicher, ob ich mich damals, 1974, nicht vielleicht doch dafür entschieden hätte, nette Neujahrsgrüße zu verschicken.

So aber war ich voller Optimismus und Tatendrang, voller Glauben in meine Zukunft und in die meiner Händler und unserer gesamten Branche, und dass ich ‚das Leben‘ in all seiner Pracht umarmen sollte, so lange es ging. ‚Das Leben‘ ist nämlich nicht nur ein abstrakter Begriff und lässt sich sehr wohl umarmen. Es ist die Summe aller Erfahrungen und die Summe aller Menschen, die ihre Spuren darin hinterlassen haben. Zugegeben, in meinem Leben gibt es auch eine Menge Spuren, die von Reifen hinterlassen wurden, aber auch die erzählen Geschichten.

Ich bin ein Freund guter Sprüche und habe sie mein Leben lang auf kleinen Schnipseln notiert und gesammelt. Alexander Graham Bell wird ein Zitat zugeschrieben, dass mir und meinen Kindern half, die Pubertät zu überstehen: „Geh nicht immer auf dem vorgezeichneten Weg, der nur dahin führt, wo andere bereits gegangen sind".

Ich verbrachte inzwischen so viel Zeit im Betrieb, dass sich in mir mehr und mehr ein schlechtes Gewissen aufbaute. Ich hatte zwar eine Haushaltshilfe, und die gute Frau Flücht blieb zehn Jahre bei mir, aber die Erziehung meiner Kinder konnte ich nicht ganz aus der Hand geben. Ich erzog sie seit Jahren zur Selbständigkeit, anders hätte sich unser Leben nun einmal nicht organisieren lassen. Aber dennoch befiel mich manchmal das Gefühl, ich könnte den Kontakt zu ihnen verlieren. Vera sagte als Erwachsene mal, ich sei als Mutter stets streng aber gerecht gewesen. Na gut, ein Kompliment für den, der eines darin lesen will. Aus allen Kindern ist etwas geworden. Sie haben alle studiert, haben geheiratet und eigene Familien gegründet, sind gut in ihrem Beruf und haben bis heute ein wunderbares, herzliches Verhältnis zueinander. Sicher ein gutes Ergebnis unterm Strich, mit dem ich sehr glücklich bin. Aber es gab auch Jahre, da schien die traditionelle Mutterrolle weniger denn je die zu sein, die für mich und meine Kinder die richtige sein könnte.

Kleine Kinder, kleine Probleme, sagt der Volksmund. Manche Ereignisse aus der Kinderzeit brachten mich zum Schmunzeln und tun es noch. So trieb Kai, der 1976 in die Schule kam, Frau Flücht mit seinem Hang zum Chaos beinahe an den Rand eines Nervenzusammenbruchs. Sie legte Wert darauf, dass er sein Zimmer aufräumte, damit sie wenigstens hin und wieder darin für eine minimale Grundsauberkeit sorgen könnte, aber das

Kind liebte sein Chaos. Ein Freund malte ihm einmal ein Bild und schrieb darüber „Lieber ein gemütliches Chaos als eine langweilige Ordnung".

Eines Tages sammelte Frau Flücht all seinen ‚Müll' ein und füllte ihn in einen blauen Müllsack. Dann hängte sie ein Schildchen an den Sack: „Wenn der Sack voll ist, schmeiße ich ihn in den Mülleimer!"

Mein pfiffiger Sohn konterte mit einer eigenen Notiz direkt darunter: „Der wird nie voll!"

Und tatsächlich, als Frau Flücht es eines Tages leid war und ihn entsorgen wollte, stellte sich heraus, dass der Sack unten aufgeschlitzt worden war. Als sie ihn anhob, verteilte sich sein Hab und Gut erneut im Zimmer. Ich fand das ausgesprochen pfiffig und konnte beim besten Willen nicht schimpfen, was Frau Flücht mit einem Kopfschütteln quittierte.

Meine Kinder wünschten sich von mir zu Weihnachten regelmäßig auf ihren Wunschzetteln „einen Stadtbummel mit Mutti", und den haben sie auch jedes Mal bekommen. Wir schlenderten durch die Essener Innenstadt, ließen uns Zeit und gingen abends auch manchmal ins Kino.

Eines Tages begegneten uns auf unserem Bummel zwei Jugendliche mit grün gefärbten Haaren, die mit Gel zu Hahnenkämmen aufgetürmt waren. Ich blieb wie angewurzelt stehen und sagte „Wenn ihr mal so nach Hause kommt, wüsste ich nicht, was ich machen soll!"

Vera stellte sich vor mich hin und sagte mit fester Stimme: „Mutti, wie sollen wir denn jemals so nach Hause kommen? Du lebst uns doch das Leben vor. Wir leben es nur nach!"

Ich war sprachlos, weil ich nicht damit gerechnet hatte, was so alles an klugen Gedanken in dem Kopf meiner Teenagertochter unterwegs war. Heute weiß ich, was in ihr steckt, sie ist inzwischen Diplompsychologin. Aber wie gut kannte ich sie damals?

Die Pubertät ging auch an meinen Kindern nicht vorbei, und es war nicht damit getan, dass ich im Großhandel Stöcker & Reinshagen eine Mikrowelle für 2.500 DM kaufte, in die Frau Flücht, die inzwischen nur noch halbtags kam, den Kindern knopfdruckbereit vorbereitetes Mittagessen stellte, oder dass wir Mensch-ärgere-dich-nicht oder Monopoly spielten, wenn ich mal früher nach Hause kam.

Ich hatte zunehmend das Gefühl, als würden sich die Kinder scheuen, über bestimmte Dinge mit mir zu reden. Also fasste ich einen Entschluss, schmiedete einen Plan und nahm sie mir, als auch Thomas mal wieder für einige Tage vorbei kam, alle mal zur Brust.

„Ihr wisst ja, dass ich nicht immer so viel Zeit für euch habe, wie ich möchte oder wie ihr möchtet, und ich habe das Gefühl, als könnte euch etwas fehlen. Deshalb habe ich einen Vorschlag."

Alle drei saßen im Halbkreis um mich herum und waren offensichtlich skeptisch.

„Ich möchte, dass ihr mich als Freundin seht, der ihr auch all die Sachen mitteilen könnt, die ihr der Mutti nicht mitteilen würdet, weil die Mutti dann streng wird. Wenn ihr mal so etwas hättet, dann nennt mich einfach ‚Maria'. Dann verschwindet die ‚Mutti' für diese Zeit mal ganz still im Hintergrund, und Maria reagiert als eure Freundin, hört euch zu und hilft, und zwar so wie Freundinnen helfen würden, und nicht strafend oder streng, wie Muttis nun mal manchmal mit den Kindern sein müssen. Wie findet ihr das?"

Erwartungsfroh sah ich sie an.

Sie schwiegen.

Ich räusperte mich. „Also, das wird für mich genauso komisch sein am Anfang wie für euch, aber ich verspreche euch, dass ich euch mit Rat und Tat zur Seite stehen werde, auch da, wo Mutti etwas nicht akzeptieren könnte, selbst wenn sie wollte, weil sie nun mal als Mutti auch bestimmte Erziehungsaufgaben hat. Was ihr Maria erzählt, werde ich als Mutti nie gegen euch verwenden oder auch nur erwähnen, das verspreche ich, denn eine wahre Freundin darf Vertrauen nicht missbrauchen."

Wieder sah ich sie an.

Sie schwiegen.

Eine letzte Chance wollte ich meiner genialen Idee noch geben.

„Wisst ihr, es kommen jetzt bei euch allen Zeiten, wo ihr sicher mal den Rat einer Freundin braucht, vielleicht auch mal bei irgendwelchen Dingen, die in der Schule oder mit Freunden passieren, wo ihr mal Hilfe braucht, aber die Mutti vielleicht nicht helfen würde."

Sie schwiegen.

Na gut. Ich nickte fröhlich. „Prima, das wollte ich euch also nur sagen. Ich freue mich, dass euch die Idee so gut gefällt, dass ihr alle zugehört habt. Sollen wir Pommes essen gehen?"

Sie jubelten.

Es dauerte eine ganze Weile, in der nichts darauf hinwies, dass die Kinder meinen Vorschlag noch im Kopf hatten. Bis ich eines Tages mit Vera einkaufen ging. Sie wühlte durch Kindersachen im Kaufhaus und rief: „Maria, kannst du mal schauen?" Sie fand es toll, mit einer Freundin einzukaufen und sich mit ihr über die Sachen zu unterhalten, die sie toll fand, und die nicht wie ‚Mutti‘ reagierte und sagte „Das ist nichts für dich!"

Auch Kai biss schließlich an. Er war inzwischen in der dritten Klasse und kam eines Tages offensichtlich mit einem Problem auf dem Herzen nach Hause. Als ich fragte, was denn los sei, fing seine Antwort mit „Du, Maria,..." an, und Maria hörte zu. Es war auch Maria, die ihm anschließend 7 DM gab, damit er sie dem Freund zurückgeben konnte, der mit seinen ersparten 40 DM vor den Freunden geprahlt hatte und den sie schließlich so lange ärgerten, bis er bereit war, sein Erspartes unter ihnen

allen aufzuteilen. Geld, das die Kinder anschließend sofort aus-
gegeben hatten, was zumindest meinem Sohn nun vor lauter
Unbehagen den Schlaf raubte.

Als die Mutter des betroffenen Jungen am nächsten Tag
schellte, war es Maria, die ihr riet, sich mal mit ihrem Sohn zu
unterhalten, der zumindest von Kai sein Geld bereits zurück
bekommen habe. Ihr Sohn sei ja schließlich der, der das Theater
mit seiner Prahlerei ausgelöst habe.

Mein Sohn stand hinter mir und hörte Maria reden. Nachdem
ich die Tür geschlossen hatte und mich umdrehte, war ich wieder die Mutti, und die hatte damit nichts zu tun, also sagte Mutti
kein Wort und es gab auch keinen Ärger.

Sowohl Vera als auch Thomas nahmen in der Pubertät Marias
Rat und Freundschaft wiederholt und über einen langen Zeit-
raum in Anspruch, und ich bin sicher, ich war allen dreien, aber
vor allem den beiden Großen mit der Freundinnenrolle eine
größere Hilfe, als ich es als ‚Mutti' je hätte sein dürfen.

Ein guter Gedanke kann die Welt bewegen.
Viele gute Gedanken bewegen sie besser.
(Maria Dhonau)

1977–1979

Das Geschäft wuchs und wuchs. Ich war erfolgreich. Ich war mutig. Ich war unverwundbar.

1977 war ich auf einer Händlertagung in Isny bei Dethleffs. Ich wollte das neue Modell „Beduin" abends noch mit nach Hause nehmen. Karl-Heinz Wanner gab mir den Rat, hinten einfach ein Schild mit der Aufschrift ‚Testfahrt' reinzuhängen, dann könne ich schneller fahren. Gesagt, getan.

Und so fuhr ich mit 160 km/h auf der A81 Richtung Raststätte Kraichgau. Unmittelbar vor der Raststätte wurde ich von einem

Ein Dethleffs Beduin, mit dem ich 160 km/h auf der Autobahn gefahren bin.
(Foto Dhonau)

93

Streifenwagen aufgefordert, dort abzufahren und anzuhalten.

Ein Polizist stieg aus, setzte sich seine Dienstmütze auf und kam zur Fahrertür.

Ich kurbelte das Fenster herunter und fragte höflich, was denn los sei.

Der Polizist schlug sich mit der Hand unterhalb der Mütze an die Stirn und sagte entgeistert: „Mein Gott! Auch noch eine Frau!"

Ich antwortete „Wieso, ich bin doch nur auf einer Testfahrt!"

Der Polizist antwortete: „Wir fahren seit einer halben Stunde hinter Ihnen her und haben immer nur gesagt ‚Der hat sie doch nicht alle! Der fährt mit einem Caravan hinten dran 160!' und jetzt sitzt eine Frau am Steuer!"

Inzwischen war sein Kollege hinzugekommen, und auch der konnte sich kaum beruhigen, dass es eine Frau gewesen war, der sie hinterher gejagt waren. Eine ‚Testfahrt' dürfte ich jederzeit auf dem Mercedes Testgelände machen, aber doch nicht auf der Autobahn!

Ich bekam eine Anzeige.

Einen LKW Fahrer, der gerade die Raststätte verließ, ermahnte ich laut und deutlich, ja nicht schneller als 80 zu fahren, die netten Herren würden gleich wieder auf der Autobahn unterwegs sein.

Eigentlich waren die Beamten sehr nett, und wir hatten im Grunde genommen sogar Spaß miteinander. Alles ging in einem fast fröhlichen Ton über die Bühne, das war damals noch möglich.

Die Beamten waren sogar so durcheinander, dass sie vergaßen, sich meine Führerscheindaten zu notieren. Ein paar Tage später riefen sie mich an und baten nachträglich darum.

Als ich später Einspruch einlegte, weil ich für mein Vergehen 3 Punkte bekommen sollte, hat dies das Gericht so erbost, dass sie mir 4 Punkte gaben. Na gut, ärgerlich zwar, aber nicht zu ändern. Ich hatte andere Prioritäten.

Eigener Messestand mit Dethleffs-Caravans 1978.
In der Mitte der Dethleffs Globetrotter von 1957 hinter einem BMW V8.
Der Dethleffs wird heute noch in Hannover von Herrn Grabosch hinter einem
Mercedes Cabrio von 1938 gefahren. (Foto Dhonau)

Eigener Dethleffs-Stand auf der Frühjahrsmesse in Essen 1979
(Foto Dhonau)

In den Jahren 1975 bis 1979 stieg mein Umsatz mit Dethleffs Caravans gewaltig an. Von 1977 bis 1980 richtete ich die Frühjahrsmessen für Dethleffs in Essen sogar eigenständig aus. Die Messe 1979 war aus dem Rückblick betrachtet dabei das Highlight. Wir boten Wohnwagen zu besonders attraktiven Preisen zwischen 7.999,00 und 9.999,00 DM an. In nur neun Tagen verkauften wir 134 Caravans. Am letzten Tag der Messe war Wolfgang Thrun am Stand und zählte mit. Unsere Verkäuferin Heide de Wild saß in einem der Caravans und schrieb ununterbrochen einen Auftrag nach dem anderen. Geduldig warteten die Kunden. Einer sagte: „Es ist wie beim Arzt. Schön warten bis man dran ist!"

Die Caravans waren inzwischen sehr praktisch ausgestattet mit einem Elektrolux Kühlschrank und einer Truma Heizung mit Warmluftanlage.

Vorbei die Zeiten, in denen kreative Camper sich etwas einfallen lassen mussten, um Kühlschrank und Heizung zu simulieren. Niemand schnitt mehr ein Loch in die Bodenmitte, um darunter eine Aluwanne aufzuhängen, das Loch mit Deckel zu versehen und das Ganze Kühlschrank zu nennen. Vorbei auch die Zeiten, in denen man Tonblumentöpfe mit großen Bodenlöchern verkehrt herum auf die Küchengasflamme stülpte, und es ,Heizung' nannte! Wenn durch die geöffneten Dachluken, die als Kaminersatz dienten, der Qualm aufstieg, wusste man: Dort wohnt ein erfinderischer Geist! Heute wäre das absolut undenkbar, das Ordnungsamt käme aus den Kontrollen gar nicht mehr heraus. Aber damals waren die Zeiten noch andere. Einer kam auf eine ,gute' Idee und alle anderen machten es nach, weil die Alternativen damals noch fehlten.

Gerade was die leistungsfähigen Heizungen und Kühlschränke angeht, die heute jeder Käufer für völlig selbstverständlich ansieht, kann man gar nicht oft genug auf die Kreativität hinweisen, die nötig war, um Hersteller wie Truma (in Bezug auf die Heizung) und vormals Elektrolux, heute Dometic (in Bezug auf die Kühlschränke) dorthin zu bringen, wo sie heute verdientermaßen sind, nämlich an die Spitze. In den ersten Jahren waren wir froh, dass es endlich Heizungen und Kühlschränke gab, aber mit dem Komfort wachsen ja bekanntlich die Ansprüche. Anfangs waren die Heizungen nun einmal störanfällig, und so entwickelte Truma, die sicher heute 99% des europäischen Marktes beliefern, über die Jahre und Jahrzehnte hinweg ein Servicenetzwerk, das in seiner Engmaschigkeit sicher seinesgleichen sucht. Verschleißteile kennen einfach keine Jahreszeiten und scheren sich nicht darum, wie abgelegen ein Campingplatz ist. Wenn sie kaputtgehen, dann gehen sie eben kaputt. Also gibt es in den Wintermonaten inzwischen auf allen Wintercampingplätzen einen Truma-Service. Großartig!

Ähnliche Pfiffigkeit kann man den Herstellern von Kühlschränken attestieren. Früher gab es dauernd Probleme, etwa dass ein Kühlschrank in der heißen Jahreszeit nicht richtig kühlte oder dass immer dann Probleme auftauchten, wenn ein Caravan oder Mobil nicht ganz in der Waage stand. Und heute? Alles vergessen! Für diese beiden wichtigen Zweige der Caravanbranche gilt, dass sie 50 Jahre ein offenes Ohr für die Bedürfnisse der Kunden und Hersteller hatten, und ich gönne ihnen den wohlverdienten Erfolg und guten Ruf von Herzen.

Dasselbe gilt für Kurt Linnepe, der sich von Jugend an

Kurt Linnepe, ein alter Visionär in der Caravanbranche. Tüfteln war seine Leidenschaft. (Foto Linnepe)

für Camping begeistern konnte. Er tüftelte hartnäckig an der Verbesserung seines eigenen Wohnwagens, und seit Mitte der 60er hatte er sich besonders auf die Abstützung fixiert. Das ließ ihm einfach keine Ruhe. Ständig stand der Wagen schief. Bleistifte kullerten vom Tisch, und wenn man ein Glas mit Whisky vor einen Gast stellte, konnte man seekrank werden beim Blick auf das Getränk. Wie es manchmal so geht, traf ihn schließlich ein Geistesblitz, den er auf 1968 datieren kann, und er erfand die KULI Schnellstütze für Wohnwagen. Ein paar Stunden in der Werkstatt und er konnte seine einzigartigen Stützen in eine Plastiktüte stecken und sich mit ihnen auf den Weg machen zur Messe. Er kaufte eine Eintrittskarte zum Caravan Salon und stellte jedem Hersteller seine Erfindung vor. Wahrscheinlich fühlte er sich wie einer der Autoren, die mit ihrem zukünftigen Bestseller unterm Arm auf den Buchmessen einen Verleger suchen, und er machte dieselben Erfahrungen: Er wurde überall weggeschickt, das Interesse war gleich Null. Schließlich traf er seinen alten Camping Freund Karl-Heinz Schulten, jenem DCC Funktionär der ersten Stunde und späterem Vizepräsidenten des Verbandes. Karl-Heinz hatte ein offenes Ohr und ein gutes Gespür und machte ihn über seine Verbindungen persönlich bekannt mit einigen Reisemobil-Herstellern. Schnell wurde klar, dass die Stützen sich für die Wohnwagen nicht so gut eigneten wie für die ersten in Serie produzierten Reisemobile. Und so wurden KULI Schnellstützen innerhalb kürzester Zeit zum Inbegriff für Fahrzeugstützen und sind seitdem in jeder Zubehörliste zu finden. Erfinder sind oft nicht nur genial, sondern auch pfiffig, und so hatte Kurt Linnepe in weiser Voraussicht seine Erfindung schon vorher zum Patent angemeldet und konnte so mit seiner eigenen Firma in eigener Herstellung 1969 durchstarten. Die DCC Veranstaltungen auf den Messen kann man übrigens getrost als Keimzelle der Caravan Branche betrachten. Sie wurden zum Branchentreff, zu einer Informationsplattform für die Inhaber und Geschäftsführer der noch sehr jungen Branche. Sorgen und Nöte wurden dort ebenso besprochen wie neue Ideen oder die Suche nach Lösungen. Jedes Gespräch regte dazu an, nach Verbesserungen im Bereich Zubehör zu suchen. Kurt war jedenfalls nicht mehr zu bremsen, buchstäblich. Mit seinem wachsenden Team entwickelte er die erste Anhängerkupplung für Reisemobile und Anfang der 80er Jahre die erste Luftfederung für den Fiat Ducato. Als einzige Firma, die sich in Nordeuropa mit Chassis-Komponenten speziell für Reisemobile befasste, hatte er nicht nur einen enormen Zulauf an Kunden, sondern auch an Rückmeldungen, was noch fehlte. So kamen im Laufe der Jahre Produkte wie Fahrrad- und Motorradträger, Fahrwerks-Systeme und Stabilisatoren, die ersten hydraulischen Hubstützen und vieles mehr hinzu. Und bis heute kann man alle diese Produkte, in weiterentwickelter und modernisierter Form, noch immer im Linnepe Programm finden. Seit 1998 führt übrigens seine Tochter Andrea mit ihrem Mann das Unternehmen.

Tja, und wenn ich schon ins Schwärmen gerate, dann erst recht über den sogenannten ‚Mover‘. Truma und die Firma Reich haben dieses kleine Leckerchen für Wohnwagen entwickelt. Sie lassen sich damit per Fernbedienung rangieren, eine wunderbare Erleichterung vor allem bei größeren Caravans und für alle, die ihn nicht so gerne oder nicht so gut per Hand oder mit dem Auto in die gewünschte Position bringen können oder wollen. Und es funktioniert bis zu einer Steigung von 20%! Ich habe selbst mehr als einmal erlebt, wie Männer vor lauter Begeisterung über diese technische Raffinesse feuchte Augen bekamen. Der Wohnwagen muss dazu natürlich autark, d.h. mit einer eigenen Batterie ausgestattet sein, die sich während der Fahrt immer wieder auflädt, aber das sind ja heute schon die meisten Caravans. Frauen und Männer sind übrigens gleichermaßen begeistert über die modernen Fernsehantennen, die sich per

Satellit selbst ausrichten. Da Fernsehen unterwegs inzwischen zu einer Selbstverständlichkeit gehört, auf die die meisten nur ungern verzichten möchten, sollte man bei jedem klaren Bild immer auch ein wenig an die Firmen ten Haff und Kathrein denken, die in vielen Fällen hinter diesen Antennen stecken.

Wenn ich hier manche Firmen hervorhebe, dann hat das in vielen Fällen mit den Freundschaften zu tun, die mich mit den Gründern oder Inhabern seit Jahrzehnten verbinden. In anderen ist dies schlicht meine anhaltende Begeisterung, welche Kreativität in unserer Branche lebt und arbeitet. Ich könnte die Liste der Firmen, die wichtige Beiträge zur Sicherheit und zum Komfort geleistet haben und bis heute leisten, endlos fortführen, aber dann wäre dies ein Branchenführer und keine Autobiographie. Trotzdem finde ich es wichtig, dass ein Campingfreund nie vergisst, dass Komfort und Sicherheit nur durch das Zusammenspiel Vieler entstehen konnten. Man kauft einen Wohnwagen oder ein Reisemobil und ahnt vielleicht gar nicht, wie viele Menschen in wie vielen Werken ihre ganze Kreativität dafür einsetzen, damit Sie sicher ans Ziel kommen! So sind die Firmen Goldschmitt und Kuhn zum Beispiel im Bereich Zusatzfedern für Fahrgestelle und Alu-Felgen nicht wegzudenken. Die Unternehmen Sawiko und SMV in Bohmte haben sich auf Anhängerkupplungen und Motorradträger spezialisiert, und Weih-Trägersysteme haben ausziehbare Motorradbühnen für Hymer entwickelt, die ganz in der Heckstoßstange verschwinden können und nur bei Bedarf herausgezogen werden. Und die Firma Thetford ist führend im Bereich ‚Toiletten'. Vielleicht denken Sie bei Ihrer nächsten Fahrt daran, das würde mich freuen!

Gerade die technische Aufbruchsstimmung unserer Branche in den späten Sechziger- und frühen Siebzigerjahren beflügelte das Geschäft in einer Zeit, in der das Öl immer mal wieder knapp wurde. Es gab einfach überall viel zu tun, und wir packten es an und machten das Beste daraus. Feierabend? Müde? Das

Unser erster selbstbemalter Karnevals-Caravan 1976. Vera, Kai und ich haben dieses Schmuckstück geschaffen. (Foto Dhonau)

waren zwei Worte, die viele von uns in diesen Jahren einfach nicht im Wortschatz führten. Eines Tages kam auf einer Messe ein Händler zu mir, las mein Namensschild und sagte: „Ach so, Sie sind also Frau Dhonau, die Frau, bei der der Tag 26 Stunden hat!" Er sah mir meine Verblüffung an und klärte mich auf. Wann immer einer über zu viel Arbeit stöhnte, führte mich irgendjemand als Beispiel dafür an, wie sie geschafft werden könne, nämlich mit meinem 26-Stunden-Tag. So ging es aber eben nicht nur mir, da bin ich mir sicher, so ging es in unserer Branche den meisten. Wir lebten ganz selbstverständlich eine Weisheit, die vielen Menschen heute erst wieder mühsam über Seminare und Therapien beigebracht werden muss, und die uns vielleicht damals gar nicht bewusst war: „Unser Leben ist das, was unsere Gedanken daraus machen". Wir hatten allerdings damals auch noch das Glück, dass so vieles nicht nur möglich erschien, sondern auch Wirklichkeit werden konnte. Dieses Glück hatten die Generationen vor uns nicht und die nach uns in vielen Bereichen nicht mehr.

Und deshalb besaß auch Feiern damals vielleicht noch einen

anderen Stellenwert als heute, denke ich. Ebenso wie in vielen anderen Bereichen war auch da unsere Spontaneität und Kreativität gefragt und erwünscht, und gerade im Bereich Karneval machte es mir persönlich große Freude, mich einzubringen, wenn auch immer mit einem Seitenblick auf mein Geschäft.

1976 bauten wir zum ersten Mal einen Caravan um und nahmen am Mülheimer Rosenmontagszug teil. Wir hatten den Caravan hinter einen Wagen gehängt, die Fenster ausgebaut, Blumenkästen angehängt, ihn mit den Kindern bunt bemalt und zogen nun, lachend, winkend und Kamellen werfend im Zug durch Mülheim. Ein tolles Erlebnis!

Die Menschen jubelten uns zu, und vor allem der Spruch, den wir in großen Lettern auf die Seite des Caravans gepinselt hatten, sorgte für viele Lacher: „Fährt der Hänger über Schotter, wird sogar die Oma flotter!"

Clown Kai im Fenster bewundert die vielen Menschen, die am Karnevalszug stehen und jubeln.
(Foto Dhonau)

Das Dethleffs Mariechen, ja so wurde ich oft genannt. Auf dem Foto ist in der Mitte Vera zu sehen.
(Foto Dhonau)

„Hellau" ruft Margret Rolles und wirft Kamelle und Bälle in die Menge der Zurufer. (Foto Dhonau)

1977 änderten sie die Vorschriften. Man durfte die Caravans nur noch auf einen Anhänger aufladen, was wir dann für 1978 auch organisierten. Margret, Heide de Wild und ich saßen auf dem Dach des nun professionell bemalten Caravans und warfen Kamellen und Bälle in die Menge. Wir hatten wunderbares Februar-Wetter und ungeheuer viel Spaß. Mir war richtig warm geworden durch das viele Werfen.

Vielleicht hätte ich das als Omen nehmen sollen. Nur etwas mehr als einen Monat später war mir nicht mehr warm, sondern heiß, denn die Flammen, die aus den brennenden Wohnwagen an der Kölner Straße 114 und einen Tag später an der Kölner Straße 59 schlugen, hatten es in sich.

Innerhalb weniger Stunden vernichteten die mutwillig gelegten Brände Wohnwagen im Gesamtwert von 180.000,00 DM. Wir hatten natürlich auch einen Verdacht, wer uns das angetan haben konnte. Es gab in der Nachbarschaft ein paar Familien, die sich nicht so um ihre Kinder kümmerten, wie man es sich wohl

Großer Brand im März 1978 auf beiden Ausstellungsplätzen.
(Foto Dhonau)

Kölner Str. 59 – Ausgebrannte Caravans. Ein Schaden von 180.000,– DM.
(Foto Dhonau)

wünschen würde. Eines Tages erwischten wir sie dabei, wie sie durch die Dachluken in die Wohnwagen einstiegen, um zu schauen, was sie denn so gebrauchen konnten. Wir beschwerten uns bei den Eltern, und ein paar Tage später brannten meine Caravans aus. Erst auf dem einen Platz, dann auf dem anderen. Zufall? Leider haben wir niemanden in flagranti erwischen können, und auch die Ermittlungen der Polizei blieben zunächst ergebnislos. Es brannte dann aber auch noch auf anderen Plätzen, und sehr viel später nahm die Polizei endlich die Täter fest. Es handelte sich um die großen Brüder der Kinder, die wir damals erwischt hatten.

Die Versicherungen zahlten, und wir bauten mit Dethleffs Hilfe alles wieder auf und arbeiteten weiter. Natürlich nahmen wir als Dethleffs Mariechen weiter an den Umzügen teil.

Zwischen 1985 und 1995, als ich dann die Karmann Vertretung hatte – hier greife ich ein wenig vor – nahmen wir mit einer Karmann Autovilla am Umzug teil. Die Autovilla hatte hinten am Heck einen richtigen Balkon, und über diese Heckterrasse konnte man aufs Dach steigen. Was für eine geniale Idee! Abschließend sei hier noch erwähnt, dass wir 1996 zum letzten Mal an einem Mülheimer Rosenmontagsumzug teilnahmen, und zwar mit einem Hymermobil. Danach war ich nicht mehr bereit, die neuen Auflagen

Kai und ich verkleidet vor dem Karnevalswagen

Hier die Karmann Autovilla im Karnevalszug. (Foto Dhonau)

Karmann Autovilla mit ausklappbarem Heckbalkon (Foto Dhonau)

*Ein HYMER Reisemobil (mit mir auf dem Dach) im Karnevalszug.
(Foto Dhonau)*

Der erste HYMER Karnevalswagen 1996. (Foto Dhonau)

zu erfüllen, die uns mit allen Kosten alleine ließen und uns zudem zwingen sollten, Kamelle und Bälle zu überhöhten Preisen in vorgegebener Menge beim Veranstalter einzukaufen. Ohne mich.

Doch zurück in die Siebziger, die mir auf ihre Art lange unkompliziert erschienen. Aus jenen Jahren, die sich in meiner Aufbauzeit für mich alle ein wenig ähnelten und wie im Flug vergingen, ist mir ein Messerundgang zur Eröffnung der Frühjahrsmesse 1976 gut im Gedächtnis. Mitten in einer Gruppe von Journalisten stand Alois Kober, der Gründer und Namensgeber von AL-KO.

Alois Kober, einer der Pioniere in der Caravan Branche. (Foto Ordosch)

Seine Firma produziert Fahrgestelle, Achsen, Auflaufeinrichtungen und heute nahezu alles, was zur Fertigstellung von Caravans und Reisemobilen gehört. AL-KO ist mit großen Ständen auf allen bedeutenden Messen der Welt vertreten und hat selbst in den USA, Australien und China Niederlassungen. Alois Kober mochte mich aufgrund meines Engagements und sicher auch als Mensch. Strahlend kam er auf mich zu und nahm mich vor der versammelten Reporterschar väterlich in den Arm. „Das ist mein Mädchen!", sagte er und drückte mich herzlich. Dann ging er mit mir zu einem Caravan und wir setzten uns auf die Einzelbetten. Dann begann er zu erzählen. Draußen warteten nicht nur die Presse, sondern auch geladene VIP Gäste, aber das schien er vollkommen vergessen zu haben.

Kurt Kober, Sohn von Alois Kober,
der die Firma Alko gegründet hat,
die heute in der Familie traditionell
weitergeführt wird. (Foto Ordosch)

Hans Ordosch von Fa. Alko ist
über die Jahre zum echten Freund
geworden. (Foto Ordosch)

Wie lange wir dort saßen, weiß ich nicht mehr. Alois ist mit 88 Jahren 1996 verstorben, ein trauriger Verlust für alle, die ihn verehrten, und ein großer Verlust für unsere Branche.

Ich glaube übrigens, dass die Liebe zur Caravanbranche in den Genen verankert sein muss. Anders ist nicht zu erklären, wieso so viele Menschen, die mir hier begegnet sind, nicht nur einen Beruf ausüben, sondern eine Leidenschaft leben, die keinen ‚Ruhestand' kennt und die man nicht mit der ‚Rente' ausknipsen kann. Alois Kober hat seine Liebe zu unserer Branche ganz offensichtlich vererbt. Noch heute genieße ich den Kontakt zu seinem Sohn Kurt und dessen rechter Hand, Hans Ordosch. Sie haben das Herz am rechten Fleck und ein offenes Ohr, und sind

Alko-Control, eine revolutionäre Entwicklung für jeden Caravanfahrer (Foto Alko)

unvergleichlich kreativ und innovativ, wo es für Caravans und Reisemobile um Belange größerer Sicherheit geht. Von AL-KO stammt übrigens auch der Trailer Control. Sollte ein Caravan ins Schlingern geraten, spricht der Trailer Control an und zieht den Caravan wieder in die richtige Fahrtrichtung. Großartig! Dies ist nur ein kleines Beispiel, das ihren Erfolg, der bis heute anhält, begründet.

Aber diese Erfolgsgeschichte fängt ja eigentlich viel früher an und hängt mit einem anderen großen Namen der Branche zusammen, nämlich Fiat. Zwei von drei Reisemobilen in Europa sind heute auf einem Fiat Ducato aufgebaut. Und ein Service-Netzwerk von über 7.500 Servicestellen in Europa, zu denen laufend neue hinzukommen, die der serviceverwöhnte Reisemobilist in einem stets dicker werdenden Buch nachschlagen kann, erhöhen kontinuierlich bei unseren Kunden das Gefühl, sie könnten kaum noch besser aufgehoben sein. Peter Linder ist der Vater dieser ungewöhnlichen Service-Idee, so wie er seit Jahrzehnten immer wieder mit viel Gespür dafür gesorgt hat, dass Fiat sich in der Reisemobilbranche genau dahin entwickeln konnte, wo die Firma heute steht. Peter Linder nimmt seinen Beruf, den ich hier einmal in aller Deutlichkeit als seine Berufung bezeichnen möchte, so ernst, dass er immer für seine Kunden erreichbar ist.

Das Gespann kommt ins Schlingern. ATC-Sensoren messen geringste Querbeschleunigungen direkt an der Achse des Anhängers.

Das ATC bremst den Anhänger sofort automatisch ab. Der Fahrer spürt von der elektronisch gesteuerten Korrektur fast nichts.

Nach wenigen Sekunden fährt das Gespann wieder sicher. Durch das Abbremsen zieht sich der Anhänger selbstständig in die Spur.

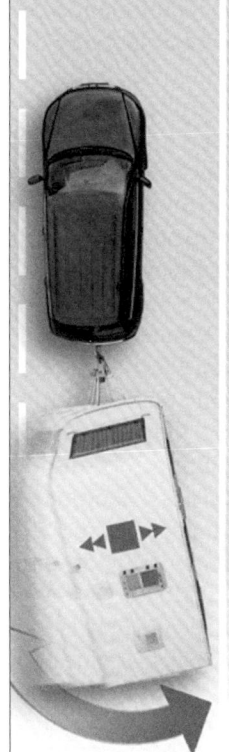

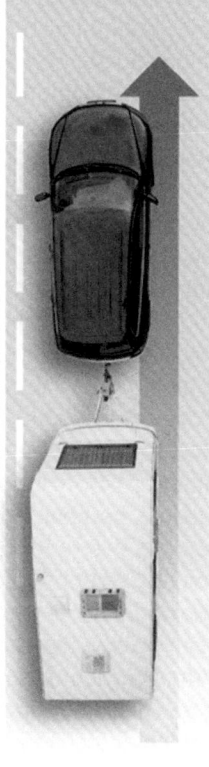

Das ist die Wirkung vom Alko Trailer Control, fantastisch!   *(Foto Alko)*

Und kann man ihn wirklich einmal nicht erreichen, was ich in all den Jahren an fünf Fingern abzählen könnte, dann wäre da immer noch Bernd Wachtel, seine rechte Hand.

Und weil's so schön ist, kommt gleich noch einmal AL-KO ins Spiel, denn diese beiden – Fiat und AL-KO – haben für den Reisemobilbereich durch ihre Zusammenarbeit und die Kombination von Fiat-Motor und Fiat-Motor-Frontantrieb mit AL-KO Rahmenchassis ein paar Probleme gelöst, die vermutlich Leben gerettet haben: Durch das tieferliegende Rahmenchassis konnten die Hersteller endlich niedrigere Mobile bauen, Doppelböden konzipieren und die Verbesserung der Straßenlage optimieren. Danke euch beiden für dieses großartige Konzept! Genug geschwärmt. Zurück in die Siebziger.

Noch immer verkaufte ich viel und gerne an Schausteller, die ja in ihren Caravans fast ihr ganzes Leben verbrachten. Nun, ich hatte 1978 einen auszuliefern, und zwar nach Hamburg. Der Wohnwagen war für die Messe bunt bemalt worden und sah richtig toll aus. Laut Vereinbarung sollte ich das Geld für den Caravan in Hamburg bar erhalten. Mein Kunde bat mich, ihn in seinen Keller zu begleiten. Dort standen Plastikwannen mit Rollengeld, das alles ordentlich vorgezählt und dann hübsch sortiert in eine große Wanne umgeschichtet wurde, die man mir dann zum Auto trug. Zuhause fuhr ich damit direkt zu meiner Volksbank und bat Volker Kessel, doch mal rauszukommen, ich hätte eine Wanne mit Geldstücken und könne sie nicht alleine tragen. Er staunte nicht schlecht, als er einen Blick in meinen Kofferraum warf. Die Kaufsumme von 15.000,00 DM lag dort in Groschenrollen, Fünfpfennigrollen und natürlich Ein- und Zweimarkrollen. Gemeinsam haben wir dann fast eine Stunde lang das Geld gezählt und sind dabei immer und immer wieder in Gelächter ausgebrochen.

Ende der Siebziger änderte sich einiges, nicht nur in meiner Branche, und das unbeschwerte Lachen sollte uns allmählich allen im Hals stecken bleiben. Damals verstand ich von den globalen Finanzmärkten wenig bis nichts. Ich spürte lediglich immer häufiger, dass ich arbeiten konnte bis zum Umfallen, am Ende des Tages blieb kaum etwas übrig, egal ob er nun 24 Stunden oder 26 hatte. Ich wurde das Gefühl nicht los, als sei etwas aus dem Lot geraten, und wusste einfach nicht was. Auch hier gilt natürlich: Heute sind wir alle schlauer. Aus der zeitlichen Distanz von fast 30 Jahren kann ich inzwischen verstehen, was geschah. Damals jedoch schien meine Welt ins Taumeln geraten zu sein, und was immer ich versuchte, ich konnte gegen den Sog des Strudels, der mich ebenso wie den Großteil der Wirtschaft nach unten zu ziehen schien, einfach nicht ankämpfen, egal, was ich auch versuchte.

Heute weiß ich, dass Ende der Siebziger die Abwertung des US-Dollars und die darauf folgende Hochzinspolitik der USA nicht nur zu einer Ölpreisverteuerung, sondern zu einem regelrechten Ölpreisschock geführt hatten. Wir Händler spürten die wirtschaftspolitischen Maßnahmen, die unsere Regierung ergriff, sofort: Jahreszinsen, die fast so hoch waren wie die Provisionen der Hersteller. Zu jener Zeit musste ich aufgrund fehlender Liquidität fast mein ganzes Caravanlager finanzieren. Mir blieben zum Wirtschaften und zur Rücklagenbildung kaum finanzielle Mittel übrig, fast jede Mark, die durch meine Hände ging, trug ich zur Bank. Die verunsicherten Menschen verstanden die Auswirkungen der neuen Zinspolitik vielleicht auch nicht in ihrer Komplexität. Aber sie bekamen sie im täglichen Leben zu spüren: durch teure Kredite, Arbeitsplatzverluste und rückläufige Konsumlust. Und sie traten als unsere Konsumenten und Kunden buchstäblich auf die Bremse. Sie hielten ihr Geld lieber zusammen, als es in Umlauf zu bringen oder sich neues für Anschaffungen zu leihen. Der gesamte Geldfluss kam durcheinander und die Wirtschaft geriet ins Stocken.

Das Vertrauen in die Finanzmärkte sank weltweit, und das in die Regierungen ebenso. Niemand schien eine Lösung parat zu haben, und in Zeiten wie diesen wenden sich Wähler ja bekanntermaßen an diejenigen, die versprechen, wenigstens das zu erhalten, was wir haben. In Großbritannien kam Margaret Thatcher an die Macht, in den USA 1980 Ronald Reagan. Die Deutschen jedoch wählten Helmut Schmidt zum zweiten Mal zum Kanzler einer sozial-liberalen Koalition, die versuchte, soziale Marktwirtschaft und Liberalismus unter einen Hut zu bekommen. Vergebens. Die Arbeitslosenzahlen stiegen, der Wert der Aktien sank, Unternehmen gingen in die Knie und die Gewerkschaften organisierten Proteste gegen die Sparpolitik der Regierung. Was würde uns nur im neuen Jahrzehnt erwarten? Die Welt schien sich irgendwie neu zu ordnen. Wir ahnten nicht einmal, welche Überraschungen und Umwälzungen uns bis zum Ende des neuen Jahrzehnts ins Haus standen.

Sich an einen Baum anzulehnen kann Kraft spenden.
Man sollte nur sicher gehen, dass er nicht hohl und
verfault ist.
(Maria Dhonau)
1980–1984

Die Themen, die uns neben unserem täglichen Geschäft vor
allem im Privatleben bewegten, waren Umwelt (Erst stirbt der
Wald, dann du), Abrüstung (Petting statt Pershing), Arbeitslo-
sigkeit, AIDS und Digitalisierung (CD und SAT-TV). In Polen
kämpfte die verbotene Gewerkschaft Solidarnosc gegen eine
Militärregierung, Jugoslawien begann zu zerfallen, und in der
DDR wuchs eine Friedensbewegung heran. Der achte Welt-
wirtschaftsgipfel beschwor die USA, ihre Hochzinspolitik zu
überdenken, ganz zu schweigen von der Entwicklung der Neu-
tronenbombe. Die Friedensbewegung im eigenen Land mobili-

Eine Auszeichnung der Messe Essen für 20 Jahre Treue zum Caravan Salon
Essen für die Firma TEC. (Foto Dhonau)

sierte Millionen. Der Wirtschaftsriese AEG-Telefunken wurde zahlungsunfähig, die Koalition von SPD und FDP zerbrach und Helmut Kohl wurde Bundeskanzler und blieb es.

Wie sich die Jahre im Rückblick ähneln! Entweder bereitete ich eine Messe vor oder nach, entweder freute ich mich auf das Frühjahrsgeschäft oder auf den Caravan Salon im Herbst.

Die Stunde der Reisemobile schien nur zaghaft anzubrechen. Es gab schon seit Jahren viele private Um- und Ausbauten von alten Kastenwagen (Mercedes und VW), alten Postautos und alten ausrangierten Bussen, in denen eine ganze Generation aufgebrochen war, die Welt zu entdecken. Diese Autos hatten ihr erstes Leben mit hohen Laufleistungen ja alle schon hinter sich. Ihr zweites Leben als farbenfrohes Wohnmobil neigte sich Ende der Siebziger und Anfang der Achtziger nun langsam auch dem Ende entgegen. Die Motoren waren hin, der Rost fraß sich durch die tragenden Teile, irgendwann ließen sich einfach keine neuen Kotflügel oder Stoßstangen mehr befestigen, die Fenster wurden undicht, die Bodenbleche löchrig. Von den Selbstausbauten ließ ich für gewöhnlich die Finger, aber es kamen zunehmend Reisemobile zurück, aus denen die Fahrer im Wortsinn herausgewachsen waren, sowohl was ihre Bedürfnisse als auch was ihre Möglichkeiten betraf.

Den Reisemobilen der etablierten Markenhersteller fehlte zwar meist der Charme dieser kreativen Globetrotter-Zauberkisten, aber sie bestachen dafür durch moderne Technik und vergleichsweise großzügige Raumaufteilung, wobei der Komfort einer bequemen Standhöhe und die Wärme einer guten Dämmung in den Mobilen nicht zu unterschätzen war. Und ich persönlich glaube, dass so mancher Fahrer, der sich die langen Haare lachend hinters Ohr strich und die Nickelbrille verschmitzt zurecht rückte, besonders bestochen wurde durch die Technik und die Motorleistung, während die Frauen betört wurden durch die Möglichkeit, den Nachwuchs abends in eigene Betten im Alkoven zu legen. Diese Interessenverteilung zwischen Männern/Technik und Frauen/Innenleben hat sich übrigens bis heute nicht geändert.

Als Händler galt es also, einen Trend vorauszuahnen, ihn aufzubauen und dann auf der Welle des Erfolges, den man angeschoben hatte, mit zu reiten, auch wenn er vielleicht erst in einigen Jahren greifen würde.

Wenn die Reisemobile *mich* schon so reizten, was würde ich damit langfristig für einen Erfolg haben können! Ich übernahm also 1979 die Vertretung für die FFB Mobile MC1, MC2 und MC3. FFB war damals noch ein selbständiges Unternehmen und gehörte Wolfgang Thrun und Jakob Eicker, denen ja auch die TEC, ehemals Thrun Eicker KG, gehörte. Sie hatten 1970

FFB Motorcaravan MC3 im Jahre 1979, meine erste Reisemobilvertretung.
(Foto Dhonau)

117

*Caravan Salon 1979 – Dethleffs und FFB auf einem Stand nebeneinander.
(Foto Dhonau)*

Dethleffs übernommen. Die FFB Fahrzeuge wurden damals noch in ihrem Werk in Blankenheim in der Eifel gebaut.

Während also die Welt um uns herum tobte und die Caravan-Branche sich langsam auf den neuen Trend einstellte, ging privat bei mir alles weiter wie bisher. Zuhause lächelte oder schimpfte ich mich durch den Alltag mit den Kindern als Freundin Maria oder als strenge Mutti. Auf meinen Plätzen begegneten mir nach wie vor zahllose Schicksale und Geschichten, die alle ihre Spuren in meinem Leben hinterließen. Ein nicht enden wollender Reigen an Gesichtern zieht vor meinem inneren Auge vorbei, wenn ich versuche, Begegnungen festen Daten zuzuordnen. Und dazwischen sehe ich immer wieder mich, müde aber unermüdlich, getragen von Sympathie und Lachen, Vertrauen und Anerkennung und einem nahezu unerschütterlichen Glauben daran, das Richtige zu fühlen und zu entscheiden.

Ich war eine Dethleffs Vollblut-Händlerin und lebte und dachte in der Marke.

Ich habe viele Fotos aus all den Jahren, und sie zeigen immer wieder dasselbe: Menschen in Bewegung, und wenn möglich mit einem Caravan des Händlers, den man vertrat. Die Firma Dethleffs wurde von den Mülheimern vermutlich aufgrund der

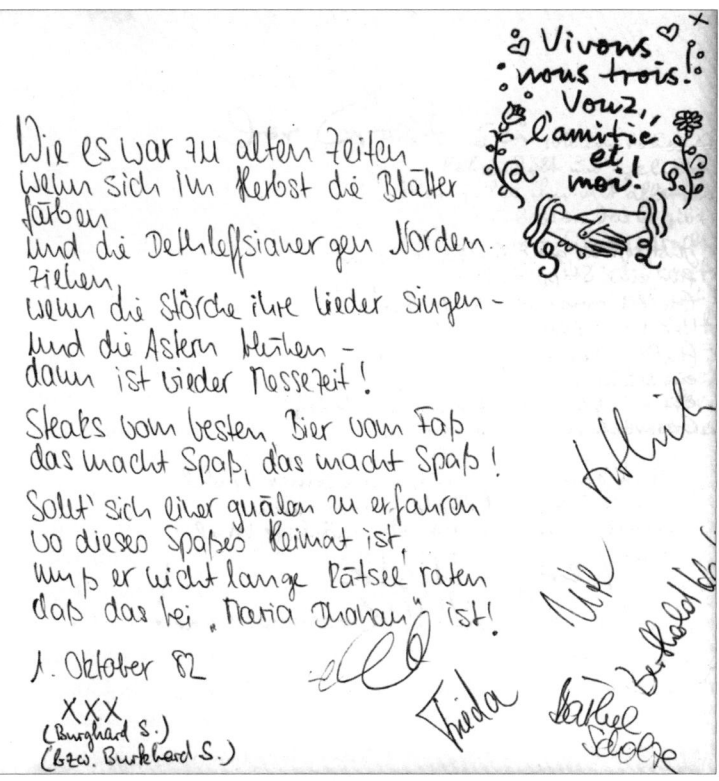

Eine Eintragung in mein Gästebuch von der Dethleffs Crew 1982
beim gemütlichen Steakessen in meinem Haus in Mülheim. (Foto Dhonau)

Herr Bruckmann und ich bei der Eröffnung der A 52 durch Essen.
(Foto Dhonau)

witzigen Karnevalswagen, mit denen wir an den Zügen teilnahmen, als ausgesprochen gut gelaunte Marke wahrgenommen. Oder, wie im Jahr 1981, als eine Marke die ‚immer vorne mitfuhr'. Damals saß ich nämlich vor versammelter Presse mit Herrn Bruckmann, dem damaligen Geschäftsführer der Messe Essen in meinem 280E Mercedes. Der Autobahnabschnitt der A 52 von Essen Rüttenscheid bis Essen Ost sollte feierlich eingeweiht werden, und wir standen als zweites Gespann in der Reihe, direkt hinter einem TEC-Gespann vor dem roten Flatterband, das erst nach fast zwei Stunden Reden für den wartenden Autocorso geöffnet wurde. Und wer führte (fast) den Corso an? Ein Gespann mit einem Dethleffs Caravan! Es galt, die Marke, die man mit Leib und Seele vertrat, ins Licht der Öffentlichkeit zu rücken, und da war mir jede Gelegenheit Recht.

Die Händler an der B 1 – hier greife ich jetzt vor – bewarben ihren Standort übrigens schon immer gemeinsam. Und wir wurden damit immer professioneller. Wir organisierten seit 1992 sogenannte Europafeste zur Campingmesse in Essen im Frühjahr und zum Caravan Salon im Herbst und boten dann auch gleich einen verkaufsoffenen Sonntag an. Immerhin befanden sich zahllose Campingfreunde an den Messetagen in unserer Nähe, die Chance durften wir uns nicht entgehen lassen. 1997 feierten wir das 40-jährige Bestehen der Caravan-Straße B1. Mit solchen Aktivitäten sorgten wir nicht nur für bundesweite Aufmerksamkeit, wir trugen auch einen erheblichen Teil dazu bei, dass die Problematik der Rechts- und Genehmigungsunsicherheit, in der sich einige Kollegen befanden, immer wieder ins Licht der Öffentlichkeit rückten und ins Visier der Politiker. Dazu später allerdings noch mehr.

Wer wie ich Anfang der Achtziger das Glück hatte, auf Mülheimer Stadtgebiet zu stehen, der durfte feste Bauten wie Büros und Werkstätten betreiben. Diejenigen, die außerhalb der Stadtgrenzen ihre Plätze hatten, wirtschafteten buchstäblich auf der grünen Wiese, was dem Charme der B1 aber für unsere Kunden keinen Abbruch tat. Sie kamen schon früh aus ganz Deutschland, um sich bei uns in Ruhe das ungeheuer große Angebot in Ruhe anzusehen, und seit den 90ern kommen sie sogar aus ganz Europa.

Ich hatte inzwischen begonnen, mein Geschäft anzukurbeln, indem ich offensiv gebrauchte Caravans in Zahlung nahm, die ja nun mehr und mehr auf den Markt drängten. Das war an und für sich eine großartige Idee, und meine Kunden dankten es mir mit guten Umsätzen. Der Dethleffs-Caravan als Geldanlage: Hatten wir sie nicht in all den Jahren genau mit diesen Worten verkauft? Unsere Kunden vertrauten uns, und so nahm ich mit einem freundlichen Lächeln die alten Modelle entgegen und tauschte sie gegen weniger alte oder im besten Fall natürlich ganz neue. Nach den Messen wurden traditionell die Wohnwagen, für die wir Aufträge geschrieben hatten, nach einigen Wochen am Platz angeliefert, und wir machten sie auslieferungsfertig. Dann informierten wir unsere Kunden, stellten acht bis zehn neue Wohnwagen an den Straßenrand und kassierten bar.

An einem dieser Samstage, das war allerdings bereits im Jahr 1979, trug ich einen Jeansanzug mit vielen Taschen auf den Ärmeln, der Brust und den Beinen. Ich hatte kaum Zeit, das Bargeld ins Büro zu bringen und stopfte es mir immer nur in eine der Taschen. Als ich mich zum Kassenschluss ,leerte', hatte ich 275.000 DM am Körper. Auf die Idee, Angst zu haben, wäre ich damals – anders als heute – nicht einmal im Traum gekommen. Gott sei Dank zahlen die wenigsten Kunden heute noch in bar.

Man könnte also meinen, ich hätte irgendwann mit einem leeren Platz und einem vollen Konto dastehen müssen. Weit gefehlt! Die Hersteller konnten die auf dem Boom der vorangegangenen Jahre basierenden Produktionsmengen nicht von heute auf morgen herunterfahren. Also produzierten sie mehr, als wir Händler außerhalb der Messen auf die Schnelle verkaufen konnten. Auf meinem Platz standen 1982 plötzlich 53 Caravans, die ich nicht bestellt hatte, die mir aber von Dethleffs in Rechnung gestellt worden waren.

Ich rief in meiner Verzweiflung Wolfgang Thrun an, der seit 1970 einer der Inhaber von Dethleffs war: „Sag mir bitte, wo kommen die ganzen Caravans her?! Die habe ich doch gar nicht bestellt!"

Gelassen antwortete er: „Die wirst du schon los, bei deinen Verkaufszahlen!"

Wolfgang überredete mich, die 53 neuen Caravans zu behalten. Er würde mir mit der Finanzierung helfen. Da wir uns nun schon so lange kannten und über Jahre auch privat gut befreundet gewesen waren, vertraute ich ihm. Und das war auch bitter nötig, denn mir war meine Liquidität abhanden gekommen. 15.000,00 DM ordentlich gerollte Münzen in einer Plastikwanne – das war eine Sache. Hunderttausende von Mark, die mir nicht einmal gehörten, in Form von gebrauchten Wohnwagen – das war eine ganz andere Sache. Dafür gab es im Supermarkt kein Pfund Butter und bei der Bank auch kein heiteres Gelächter mehr.

Das Minus auf meinem Konto stieg zwischen 1980 und 1982 stetig an, und angesichts der hohen Zinsen machte mich der Blick auf meine überfüllten Plätze nicht mehr glücklich, sondern raubte mir den Atem. Kummer machte mir dabei, dass immer mehr gebrauchte Caravans stehen blieben, weil die Neuwagen zu einem durchaus annehmbaren Preis angeboten wurden. Was für meine Kunden, meine Mitbewerber und ahnungslose Passanten also vielleicht wie in Blech gegossener Erfolg aussehen mochte, wirkte auf mich mit einem Mal bedrohlich.

Die Situation änderte sich jedoch mit der Herbstmesse 1982.

Caravan Salon 1981 – 50 Jahre Dethleffs Caravan. Hier hatte ich wieder mal einen Verkäuferwettbewerb gewonnen. (Foto Dhonau)

Dank Peter Linder, dem noch heute sehr aktiven Geschäftsführer von Fiat, begann sich Fiat als Basisfahrzeug für Dethleffs Reisemobile in diesem Herbst durchzusetzen. Dies war der Beginn einer grandiosen Entwicklung, die ausschließlich seinem Engagements und dem seines Teams zu verdanken ist.

Als wir Händler nach der Messe mal wieder in Isny zu einer Modellbesprechung zusammen gekommen waren und die ersten LKWs mit Fiat Fahrgestellen zum Aufbau des Dethleffs Mobils in die große Halle rollten, bekamen wir alle eine Gänsehaut, so als spürten wir, dass dies ein historischer Augenblick sei.

So sehr mich die neue Entwicklung also begeisterte und mitriss, so sehr war ich in Gedanken bei meinem eigenen, nicht ganz unbedeutenden Problem: Wohin mit den ganzen Fahrzeugen auf meinem Platz?! Den Platz Kölner Straße 114 musste ich aufgeben, weil der Eigentümer dort Einfamilienhäuser bauen wollte, und so knubbelte sich alles auf dem Platz Kölner Straße 59.

Wenn sich dort aber nicht bald im Wortsinne etwas bewegte, dann konnte ich einpacken.

In dieser Situation fühlte ich mich manchmal auch menschlich, als Frau, sehr einsam. Ich kann mich gut erinnern, dass ich in der Silvesternacht zu 1983 mit einem sehr mulmigen Gefühl das Glas hob und flehentlich auf ein erfolgreiches Neues Jahr anstieß. Und ich werde nie vergessen, dass ich nur noch eine Aufgabe für mich sah: den Glauben daran behalten, dass ich überleben würde. Und dass mir vielleicht jemand begegnen würde, der mir helfen könnte, meine Last zu tragen. Das, so sollte ich bald merken, war leichter gehofft als getan.

Noch immer durfte ich mich auf meinen Plätzen kaum umschauen, dann wurde mir ganz anders. Alle Welt wollte plötzlich Reisemobile, aber bei mir standen viele gebrauchte Wohnwagen, die in meiner Werkstatt aufgearbeitet werden mussten, um für sie überhaupt noch Käufer zu finden. Sie nahmen den Platz weg für die dringend benötigten neuen Mobile. Wir konnten einen alten Caravan von innen so hübsch herrichten wie wir wollten, er mutierte trotzdem nicht zu einem Reisemobil. Wohin nur mit den Altlasten?

Anfang 1984 lernte ich jemanden kennen, der das Problem mit einem Blick erkannte. Seine verbindliche Art, sein höflicher Umgang mit mir, sein klarer unternehmerischer Verstand und sein kaufmännischer Überblick imponierten mir sehr.

Kennen gelernt hatten wir uns durch eine Kontaktanzeige, die ich in einer besonders einsamen Stunde nach einem Glas Mut machendem Sekt in der FAZ aufgegeben hatte. Ich bekam zahllose Zuschriften, was mir sehr schmeichelte, und nahm mir Zeit, sie genau zu studieren. Wollte ich den Herrn kennenlernen, der sich wie Kaiser Wilhelm auf seinem Pferd vor dem großen Gutshof in Pose geworfen hatte? Interessierte mich der Künstler, der mir auf einem orangefarbenem Stück selbst geschöpftem Papier ein Gedicht kredenzte? Reizte mich die Kreuzfahrt mit dem untersetzten Mittsechziger, der zärtlich mit mir in den karibischen Sonnenuntergang segeln wollte?

Heute glaube ich, dass meine eigene finanziell wackelige Situation mein Unterbewusstsein dazu verführte, nur dem soliden, welterfahrenen Geschäftsmann in leitender Position zu antworten. Das selbstsichere, respekteinflößende Lächeln konnte ich mir gut bei einem Bankengespräch neben mir vorstellen. Die schelmisch blitzenden Augen schienen wie dazu gemacht, mir jeden Wunsch von meinen abzulesen. Der Rest würde sich von selbst ergeben. Dachte ich.

Kurz und gut, ich ließ mich darauf ein, mit diesem Mann, nennen wir ihn hier der Einfachheit halber Carlos, Kontakt aufzunehmen. Charmant war er, weltgewandt und mit tadellosen Umgangsformen. Er wohnte in einem wunderbaren großen Haus im Westerwald, welches er sich mit seiner Exfrau und ihrem neuen, griechischen Lebensgefährten teilte. Dieses pikante Detail schaltete relativ schnell meine romantische Ader aus und ließ die Geschäftsfrau das Denken übernehmen, der aber nicht auffiel, dass es eigentlich genau mein Geschäft war, das mein Gegenüber besonders zu reizen schien.

Wir verbrachten Stunden damit, über mich zu reden. Von ihm erfuhr ich eigentlich nur die bekannten, wohl klingenden Namen der Firmen, die im Grunde nur aufgrund seiner kompetenten Beratungsfähigkeiten zu Weltmarktführern aufgestiegen waren. Ich schrieb es seiner Bescheidenheit und professionellen Diskretion zu, dass er nicht mehr ins Detail ging. Was hätte ich auch mit einem Angeber anfangen wollen?

Relativ schnell war uns beiden klar, dass wir nicht für eine Romanze miteinander geschaffen zu sein schienen. Die gegenseitige Sympathie ließ sich aber, so beteuerten wir beide immer wieder, nicht leugnen. Vielleicht gäbe es andere Möglichkeiten, aus dieser doch so zufälligen Bekanntschaft Nutzen für beide Seiten zu ziehen? Ich musste ihn fast ein wenig bitten, so schien es, sich mit mir und meiner Situation auseinanderzusetzen. Nein, ich kann nicht behaupten, ich sei mit dem Gefühl heimgefahren, er habe sich mir aufdrängen wollen. Im Gegenteil.

Am Ende beschlossen wir, gemeinsam eine Firma zu gründen. Ich war bereit, ihn zu meinem Partner zu machen und mir damit die lang ersehnte fachkompetente Hilfe zu holen, die ich offensichtlich benötigte. Mein Kapital waren die gebrauchten Caravans, die ich mitbrachte. Sein Kapital war das Know How der Großen und Erfolgreichen.

Carlos analysierte die Situation, in der ich mich befand, erstaunlich schnell, obwohl meine Branche ihm doch fremd war: Ich ertrank in Wohnwagen.

Eine seiner ersten und sicher auch eine seiner besten Aktionen war das Abstoßen der alten Wohnwagen zu Schleuderpreisen, zahlbar in bar. Dazu überführte er sie einen nach dem anderen nach Mademühlen, wo er nicht nur wohnte sondern auch sein Büro hatte. Dort verkaufte er sie dann. Ich war erleichtert und wäre nicht einmal im Traum auf die Idee gekommen, das Geld, das er damit machte, flösse nicht umgehend in die gemeinsame Firma zurück. Unser Geschäftskonto war in Mülheim, aber er hatte der Einfachheit halber natürlich eine Kontovollmacht und wirtschaftete von Mademühlen aus.

Carlos schien aus meiner Sicht seine Aufgabe sehr ernst zu nehmen. Mir gefiel zwar sein Ton mir gegenüber relativ schnell nicht mehr, aber hatte er nicht Recht, wenn er mich maßregelte, wenn Unordnung in der Ablage herrschte oder eine Rechnung falsch abgeheftet war? Ich fühlte mich geradezu inkompetent angesichts der Fachbegriffe, mit denen er um sich warf, und der Fehler, die er mir nachweisen konnte. Ich, die ich doch so viele Jahre Erfahrung hatte! War ich zu schnell gewachsen? Hatte ich meine Fähigkeiten überschätzt? War ich am Ende vielleicht doch nicht stark genug?

Carlos schien das jedenfalls zu denken.

Mit einer subtilen Mischung aus Zuckerbrot und Peitsche brachte er mein Selbstbewusstsein zu Fall.

Plötzlich verdankte ich mir nicht mehr selbst meinen Erfolg, sondern ich verdankte Carlos, dass er mich vor dem vermeintlichen Untergang rettete. Er nahm mir mehr und mehr ab, verbot mir geradezu, mich mehr als nötig einzumischen, blicken zu lassen, hinzuschauen. Ich würde ja eh nur Chaos anrichten, das habe man ja gesehen! Ich sollte mich auf das einzige Talent konzentrieren, das ich seiner Ansicht nach hätte: ich sollte beraten und verkaufen. Um das Buchhalterische, das Kaufmännische, das Büro und die Lieferanten würde ausschließlich er sich kümmern. Er habe sich bereits ausgiebig mit dem Geschäftsführer von Dethleffs unterhalten. Man sei sich einig, dass dies die beste Lösung für alle Seiten sei.

Und überhaupt: Vielleicht wäre es vernünftig, wenn ich mir mal Urlaub gönnen würde, Urlaub mit den Kindern? Zwei Wochen Sommerferien, das stünde mir und meiner Familie einfach mal zu. Ich solle aber nicht so unvernünftig sein, meinen Schmuck und meine Wertsachen einfach im Haus zu lassen, das immerhin in der Zeit meiner Abwesenheit Einbrecher geradezu anlocken würde. Er würde die Sachen mit nach Mademühlen nehmen, wenn ich einverstanden wäre. Ich war einverstanden. Wenn ich geahnt hätte, dass ich einen Teil davon nie und einen Teil erst viele, viele Jahre später wiedersehen würde, ich hätte ihnen vielleicht wenigstens noch einmal wehmütig nachgewunken. Da ich aber Gott sei Dank nie über eine Glaskugel verfügt habe, die mir den Blick in meine Zukunft gönnte, packte ich unsere Sachen, schnappte die Kinder und weg war ich.

Wir hatten einen der schönsten Urlaube, den wir je gemeinsam verleben durften.

Ich hatte für viele Jahre den letzten Urlaub überhaupt.

Nach meiner Rückkehr war nämlich nichts mehr wie es sein sollte, und das Wort ‚Urlaub' wurde für eine sehr, sehr lange Zeit komplett aus meinem Wortschatz gestrichen.

Wenn du meinst ‚Tiefer geht's nicht‘,
dann heb' den Kopf und schau nach vorne.
(Maria Dhonau)

1984

Als ich erholt und fröhlich aus dem Urlaub zurückkehrte, fuhr ich ins Geschäft. Dort wartete jedoch Herr Riedle von Dethleffs bereits und eröffnete mir mit ernstem Gesicht, dass meine Firma pleite sei. Carlos habe seit Wochen bereits keine einzige Rechnung an Dethleffs bezahlt. Da ich selbstschuldnerisch gebürgt hätte, müsse ich nun dafür gerade stehen.

Ich kann mich nicht mehr erinnern, ob ich einfach umfiel, oder ob ich noch die Kraft hatte, mich auf einen Stuhl sinken zu lassen. Riedle informierte mich, dass man ja meinen Schmuck und einen wertvollen Seidenteppich von Carlos als Sicherheit bekommen habe, dass dies aber bei weitem nicht ausreichen würde, bei nahezu einer Millionen Mark Schulden, nicht wahr?

Ich gehe mal davon aus, dass ich weiter geatmet habe, denn sonst säße ich ja nicht hier, um darüber zu schreiben. Ich bin mir aber ziemlich sicher, dass ich nicht viel mehr als sinnloses Stottern von mir gegeben haben kann, als Riedle mir zum Schluss noch mitteilte, dass Dethleffs sofort alle Mobile und Caravans abziehen würde, ebenso wie die noch auf meinem Platz stehenden Gebrauchtfahrzeuge, als Sicherheit, sozusagen. Das würde natürlich gegen die Schulden aufgerechnet, das verstehe sich ja von selbst.

Es gibt Jahre, die fliegen nur so an einem vorbei, und man kann sich kaum im Nachhinein erinnern, was sie denn von anderen abhob.

Und dann gibt es Tage, an denen sich manche Gespräche unauslöschlich ins Langzeitgedächtnis einbrennen, damit man niemals mehr in seinem Leben auch nur für einen Moment vergisst, was gesprochen wurde.

Der 30.07.1984 ist ein solcher Tag. Innerhalb weniger Stunden fielen die schlechten Nachrichten, die sich in den zwei Wochen meines Urlaubs zu Informationsgebirgen aufgetürmt hatten, über mir zusammen, zerstörten mein Leben und meine Zukunft und die meiner Familie wie ein Erdrutsch. Es gab ja noch keine Handys, und da ich aus dem Urlaub nicht angerufen hatte, um mich nicht von Carlos demütigen zu lassen, war ich also vollkommen ahnungslos heimgekehrt. Es sollte danach auch noch Wochen dauern, ehe ich ein wenig Licht in das betrügerische Dunkel meines Ex-Kompagnons gebracht hatte.

Während ich völlig unbeschwert mit meinen Kindern am Strand gespielt hatte, hatte sich jedoch daheim und in der Branche blitzschnell herumgesprochen, dass Maria Dhonau in großen Schwierigkeiten sei. Ich war ja auch bundesweit bekannt, nicht zuletzt, weil ich seit 1979 Präsidiumsmitglied des DCHV war. Als dann die Unregelmäßigkeiten in meinem Unternehmen auffielen und man weder Carlos noch mich erreichen konnte, ging das Spekulieren los. Gott sei Dank gab es genug Menschen, die mir sofort glaubten, dass ich Opfer eines Betrügers geworden war und nicht selbst betrogen hatte, und eine Welle der Hilfsbereitschaft setzte sich in Bewegung. Anders ist nicht zu erklären, was nun geschah.

Ich weiß nicht mehr, wann Riedle ging, ob ich weinend zusammenbrach – was ich vermute –, ob mich die kalte Wut packte – was ich bezweifle –, und wer bei mir war, um mich zu trösten und zu stützen. Ich weiß aber, dass ich am selben Nachmittag, als ich mich schon mit meinem endgültigen, schändlichen Ruin abgefunden hatte, einen Anruf bekam. Das Telefon läutete und läutete, und ich erinnere mich, dass ich keine Lust hatte, den Hörer abzuheben. Ich tat es schließlich trotzdem.

Es war Fritz Berger aus Neumarkt. Er sagte, er habe gehört, was passiert sei. Dann bot er mir an, sofort zu helfen und mich mit Caravans zu versorgen.

Fritz Berger (Pfeil) beim Geburtstag von Meister Michael Beck.
(Foto Michael Beck)

„Und wovon soll ich die bezahlen?", fauchte ich ihn in einer Mischung aus Verzweiflung, Skepsis und Scham an.

„Das lassen Sie mal unser Problem sein!", antwortete er geduldig und legte auf.

Draußen auf meinem Platz tauchten die ersten Fahrer von Dethleffs auf und begannen, die Wohnwagen abzuziehen und die Mobile fortzufahren. Ich stand fassungslos am Fenster, sah hilflos zu und heulte abends, als der Platz schließlich leer war, wie ein kleines Kind. Was sollte ich bloß tun? Ich fühlte mich so leer wie das Grundstück. Und ebenso verlassen.

Ist es nicht eigenartig, wie Erinnerung funktioniert? Was das Heimkommen, die Kinder, meine Familie und meine Freunde betrifft, ist alles zu einer tiefen, dunklen Nacht verschmolzen. Hielt mich die Sorge um meine Zukunft wach? Sank ich in einen traumlosen Schlaf? Ich weiß es nicht mehr.

Am nächsten Mittag um 12 Uhr, ich saß verzweifelt in meinem Büro und versuchte sicher zum tausendsten Mal, Carlos telefonisch zu erreichen, da fuhren plötzlich LKWs auf den Platz. Beladen waren sie mit ‚Oase Caravans', die Berger in der DDR bauen ließ. Ich traute meinen Augen kaum, als Fritz Berger persönlich aus einem Auto stieg und in mein Büro kam.

Ich war überwältigt. Was geschah hier? Herr Berger sagte: „Frau Dhonau, ich habe von dem Betrug Ihres Partners erfahren und auch davon, dass Dethleffs alles abziehen lässt. Und ich weiß im Augenblick nur, dass Sie der Branche nicht verlorengehen dürfen. Sie haben die Caravanbranche mit aufgebaut, Sie haben sie geprägt. Ich möchte Ihnen jetzt helfen!"

„Was heißt das?", stammelte ich.

„Ich stelle Ihnen Oase Caravans zur Verfügung, ebenso wie Frankia Mobile und Wohnwagen, die heute und morgen noch geliefert werden. Sie bekommen von mir alles, was Sie an Zubehör brauchen. Und Sie bezahlen erst, wenn Sie etwas verkauft haben. Ich stelle Ihnen die Sachen zinslos zur Verfügung. Machen Sie weiter! Bitte, hören Sie jetzt nicht auf!"

Ich war sprachlos. Aufgestanden war ich noch am Morgen mit der diffusen Vorstellung, dass Weitermachen keine kluge Entscheidung sein würde. Und dann kam Fritz Berger, den ich zwar kannte, wie ihn jeder aus unserer Branche kannte, der aber nicht zu meinem engeren Freundes- oder Kollegenkreis gezählt hatte. Damals gehörte ihm bereits Frankia. Und dieser Mann bot mir nun eine Hilfe an, die ihresgleichen suchte.

Ich stand da, stumm, und fassungslos.

Konnte es Zufall sein, dass die Firma, die Feriela übernommen hatte, jene Firma, mit deren Caravans ich in den 60er Jahren begonnen hatte, mir nun zu Hilfe eilte? Ich sandte ein Stoßgebet mit einem riesengroßen „Danke!" nach Marktschorgast, vermutlich ohne dass Fritz Berger es merkte. Ganz sicher war ich mir da aber nicht. Er stand mir nämlich gegenüber, sah mich an,

FRANKIA FEIERT

Ein fränkisch-französischer Geburtstag: Vor 50 Jahren begann bei Frankia der Bau von Freizeitfahrzeugen

Flotte Musik und tolle Stimmung in der Stadthalle von Pornic.

Frankia-Chef Giam Hoang führte mehrsprachig durch den Abend.

...nderte von Frankia-Fans trafen ...h zum Jubiläum in Frankreich.

Genau genommen gibt es für die große Frankia-Familie in diesem Jahr gleich zwei runde Geburtstage zu feiern: 1960 entwickelte der Möbelfabrikant Gustav Groß im oberfränkischen Marktschorgast seinen ersten Wohnwagen; 1990 übernahm die französische Pilote-Gruppe die Produktion und formte sie zum Hersteller hochklassiger Reisemobile.

Mit Giam Hoang kam gleichzeitig ein neuer Geschäftsführer nach Franken – ohne jede Reisemobilerfahrung, aber den Kopf voller Ideen. Innovative und individuelle Lösungen gehörten schließlich zur Frankia-Tradition. So konnte man etwa die in Marktschorgast gebauten Feriela-Caravans mit einem Kofferraum am Heck bestellen. Die Franken entwickelten Serienmodelle für das Versandhaus Quelle, aber auch zahlreiche individuelle Exemplare.

Nach dem Tod des Firmengründers übernahm 1970 der langjährige Eura-Mobil-Besitzer Eugen Immler den Betrieb, 13 Jahre später das Versandhaus Fritz Berger. Nach diesem Eigentümerwechsel tauchte dann der Markenname Frankia auf. Erste Rei-

Dieser Teilintegrierte lief bei Frankia schon 1986 vom Band.

semobile entstanden seit 1973, allerdings nur als Einzelstücke. In den 80er Jahren begann die Serienproduktion. So richtig bergauf ging es aber erst nach der Übernahme durch die Pilote-Gruppe. Giam Hoang beendete kurzerhand die Caravanproduktion und gab den Reisemobilen eine besondere Note. Schnell wurde der in Vietnam geborene Geschäftsführer selbst zum begeisterten Reisemobilfahrer. Als einer der Ersten entwickelte er einen Doppelboden und verblüffte die

Branche mit dem Vario-Space, dem ersten europäischen Serienmobil mit Slide-Out. Auch das beliebte Raumbad ging zuerst bei Frankia in Serie.

Die Marke gewann als Teil der Pilote-Gruppe an Profil und Eigenständigkeit, blieb bodenständig fränkisch und doch der französischen Mutter verbunden. So passte es perfekt, das Doppeljubiläum im Küstenort Pornic am Atlantik zu feiern, unweit des Stammwerks von Pilote. Zusammen mit Kunden, Mitarbeitern, Zulieferern und lokaler Politprominenz wurde der Geburtstag von Frankia zu einem Fest der fränkisch-französischen Freundschaft.

Mit Caravans namens Feriela fing alles an. Hier die Familie des Gründers Gustav Groß.

Als Pilote vor 20 Jahren Frankia übernahm, kam Giam Hoang (Mitte) als Geschäftsführer an Bord.

Bereits 1989 überraschte Frankia mit völlig eigenständigen Integrierten.

Promobilbericht über 50 Jahre Frankia im Juli 2010. Unten links sind Mutter Hader und ich Teil der „Gründer-Familie". (Promobil)

133

lächelte und nickte immer dann, wenn ich den Kopf schüttelte. In einem Zeitungsbericht mit der Überschrift „Frankia feiert 50 Jahre" findet man übrigens ein Foto von Mutter Hader und mir als Teil der „Gründer-Familie". Wenn die Caravanbranche meine Familie war, dann hatte mich ein Teil gerade verstoßen und der andere aufgefangen. Wofür sind Familien da, wenn nicht für solche Wunder?

Meine Gedanken überschlugen sich. Weitermachen? Aufhören? Das Wunder, das sich hier gerade vor meinen Augen abspielte, ignorieren oder annehmen? Wenn weitermachen, dann wie? Zuerst zur Bank? Oder lieber erst einen Anwalt suchen? Oder lieber doch erst zur Bank gehen?

Fritz Berger war irgendwann fort, ich weiß nicht mehr genau wann. Ich kann nur hoffen, dass ich ihn angemessen verabschiedet habe.

Am nächsten Morgen stand fest: Wenn ich weitermache, dann geht das nur mit der Bank. Mein Konto hatte ich in Mülheim-Saarn, aber ich hielt es für sinnvoll, direkt zur Hauptstelle der Volksbank nach Oberhausen zu fahren, wo auch die Finanzierung meines Hauses am Malmedyweg abgewickelt wurde, das ich 1975 gekauft und umgebaut hatte und in das wir im Frühjahr 1976 eingezogen waren. Aus der Hypothek war nicht viel mehr herauszuholen, dachte ich. Dafür hatte Carlos gesorgt, als er mir dazu geraten hatte, die Hypothek zur Überbrückung eines angeblich ‚kleinen Engpasses', den er nicht hatte ‚verhindern können', zu erhöhen.

Der Direktor der Hauptstelle hörte sich meine Geschichte an. Dann versprach er, den Fall genau zu prüfen und mir am nächsten Morgen Bescheid zu geben.

„Falls Sie mir nicht helfen, bin ich gezwungen, Konkurs anzumelden", sagte ich ihm zum Abschied. „Sollten Sie sich jedoch dazu entschließen können, mich zu unterstützen, kann ich Ihnen versichern, dass ich meine ganze Kraft einsetzen werde, um

Sie nicht zu enttäuschen. Die Hilfe und Unterstützung meiner Geschäftspartner habe ich."

Am nächsten Tag kam der befreiende Anruf. Die Bank hatte beschlossen, mir zu helfen, wenn auch zu einem immens hohen Zinssatz. Außerdem ließ sich die Hypothek doch noch aufstocken, und zwar so sehr, dass mir schwindelig wurde. Aber das war mir egal. Ich wollte es schaffen.

Mein Anwalt hatte inzwischen ein Schreiben an Carlos verfasst. Man hatte mir zudem empfohlen, einen zweiten Anwalt hinzuzuziehen, was ich auch tat.

Am nächsten Tag kam ein Anruf von Carlos. Es sei ein ‚Rollkommando' nach Mülheim unterwegs, um mich zusammenzuschlagen, wenn ich ihn nicht in Ruhe ließe.

Meine beiden Werkstattmitarbeiter, Klaus und Roland, die beide trotz meiner schwierigen Lage geblieben waren, wurden ganz still, als sie von der Drohung hörten. Zwei Stunden später kam Klaus mit einer Gaspistole zurück und legte sie auf meinen Tisch.

„Damit kann ich nicht umgehen", musste ich schmunzeln. „Eine Pistole passt nicht in meine Hand."

Klaus nahm sie, verschwand und kam eine Stunde später mit einer kleinen Dose Pfefferspray zurück. Dieses Spray

Klaus Zivkovic, meine treue Seele im Jahre 1984, als ich den Millionenbetrug zu verarbeiten hatte. Auch heute haben wir noch eine freundschaftliche Verbindung. Er ist heute selbständig in der von ihm damals geschaffenen Werkstatt auf der Kölner Str. 59.
(Foto Dhonau)

135

habe ich viele Jahre lang in meinem Schreibtisch aufbewahrt. Da Carlos' Drohungen ebenso leer und hohl waren, wie seine Versprechen, musste ich sie nie gegen ihn oder sein ‚Rollkommando' einsetzen.

Carlos war inzwischen untergetaucht. Er hatte einen anderen Namen angenommen und war unauffindbar. Sein Büro war leer, ebenso seine Wohnung. Meine Unterlagen waren verschwunden.

Bis heute habe ich übrigens nicht herausgefunden, wo er sich aufhält.

Die nächsten Wochen waren angefüllt mit Gesprächen, Verhandlungen, Rückschlägen, Fortschritten.

Zu einem der größten Rückschläge gehörte im September 1984 sicherlich der Besuch eines Mitarbeiters vom Finanzamt, der mir auf alles Mögliche und Unmögliche Pfandsiegel klebte. Es stellte sich heraus, dass Carlos sich die auf unsere gemeinsame Firma lautende Vorsteuer hatte ausbezahlen lassen, was meinen Schuldenberg um 100.000 DM erhöhte, da sie mir bereits erstattet worden war. Die gemeinsame GmbH war pleite und ging in Konkurs. Da ich aber gebürgt hatte, wurden die Firmenschulden meine Privatschulden. Meine eigene Firma ‚Wohnwagen Maria Dhonau' hatte ich nicht aufgelöst und konnte sofort und nahtlos damit weiterarbeiten. Ich machte mich also an die schier unlösbar erscheinende Aufgabe, diesen enormen Schuldenberg abzutragen. Ob das jeder so gemacht hätte, mag dahingestellt bleiben. Mir lag auf jeden Fall daran, den guten Namen Dhonau reinzuwaschen und nicht meine Geschäftspartner dafür büßen zu lassen, dass ich so naiv gewesen und auf einen Betrüger hereingefallen war.

Die Verhandlungen mit dem Finanzamt waren zäh, aber am Ende einigten wir uns darauf, dass ich eine monatliche Rate von 5.000,00 DM zahlen könne. Bliebe ich nur mit einer einzigen Rate im Rückstand, so würde man die Vereinbarung als nicht eingehalten betrachten und die Restsumme mit einem Mal fällig stellen.

Die Verhandlungen mit Dethleffs waren einfacher. Dort war ich ja nicht die einzige, die auf Carlos hereingefallen war. Niemand konnte mir erklären, warum man immer weiter an unsere kleine GmbH geliefert hatte, ohne Geld für bestellte und gelieferte Fahrzeuge erhalten zu haben, und warum mich niemand informiert hatte. Die Betrügereien mussten lange vor meinem Urlaub begonnen haben, und ich erhielt nie auch nur einen einzigen Anruf von meinem Geschäftspartner, mit dem mich immerhin so viele gute Jahre verbunden hatten. Hinter Dethleffs steckte damals bereits zu meinem Glück Erwin Hymer. Nachdem alle bei mir abgezogenen Fahrzeuge aufgrund seiner Bemühungen meiner Firma gutgeschrieben worden waren, blieb zwar noch immer eine gewaltige Restschuld, aber am Ende kam man mir so großzügig entgegen, dass wir uns auf eine Summe von ,nur noch' 250.000,00 DM einigen konnten, die ich ebenfalls mit 5.000,00 DM ohne Zinsen monatlich zurückzuzahlen versprach. Für die Zinsen hielt mein schöner Teppich her, mit einem Schätzwert von 33.000,00 DM. Berücksichtigt man nun noch meine Kontozinsen, Hypothekenzinsen, Pacht, Löhne und so weiter, kann man sich gut und leicht vorstellen, was mir in den nächsten Jahren für Kraftanstrengungen ins Haus standen.

Von meinen beiden Werkstattmitarbeitern blieb am Ende nur Klaus bei mir. Roland konnte es sich einfach nicht leisten, für so wenig Geld, wie ich es zahlen konnte, zu bleiben, wofür ich großes Verständnis hatte. Klaus dagegen versuchte, mir den Rücken zu stärken. Ohne ein Wort der Klage arbeitete er für zwei und verdiente weniger als eine Aushilfe an einer Trinkhalle.

Fritz Berger nahm mich dann im Herbst mit auf den Caravan Salon, wo ich am Frankia-Stand verkaufte. Es kostete mich anfangs große Überwindung, all meinen Kolleginnen und Kollegen zu begegnen und zu wissen, dass ich das Gesprächsthema

Nummer eins war. Immer wieder wollte mich der Mut in diesen Tagen verlassen, aber als hätten sie es geahnt, kamen sie alle nach und nach an meinen Stand, sprachen mir ihre Bewunderung aus und machten mir Mut. Ein Händler sagte: „Du musst in der Branche bleiben, sonst hinterlässt du ein Loch, das niemand füllen kann. Du würdest der ganzen Branche fehlen. Und uns allen." Es flossen bei dieser Messe auch ein paar Tränen, aber ich bekam so viel Unterstützung und Lob, dass mir dies eine unglaubliche Kraft gab, so dass ich verkaufte, als ginge es nicht nur um mein Leben, sondern auch um meine Seele. In gewisser Weise war es ja auch so. Ich glaube, ich habe in diesem Jahr den Verkaufsrekord von ‚Oase' gebrochen, bundesweit. Alle paar Tage kam ein LKW voll mit Nachschub bei mir an.

Grundsätzlich wurden für die ‚Oase Caravans' keine gebrauchten Fahrzeuge in Zahlung genommen, was gut war, denn ich hätte das Geld dafür ja auch nicht gehabt.

Anders sah es bei den Reisemobilen aus, da nahmen wir immer mal wieder einen Wohnwagen in Zahlung, denn der Umstieg vom Caravan auf ein Mobil war ein großer Schritt, der Aufstieg in eine ganz andere Preisklasse. Hier galt es besonders, das Vertrauen der Kunden zu gewinnen.

Meine Kunden hatten Vertrauen. Sie willigten ein, dass ich ein in Zahlung genommenes Fahrzeug verkaufen dürfe, bevor das Mobil ausgeliefert würde. Das konnten schon einmal ein paar Wochen sein, in denen ich dann mit dem Geld aus dem Gebrauchtverkauf arbeiten konnte.

Rückblickend kann ich nur sagen, dass diese Zeit meine ganze Kraft gebraucht hat. Die kämpferische Maria, die nicht aufgibt. Ja, das klingt super. Aber ganz so einfach war es nicht. Ich begann mich umzusehen, wo ich psychische Hilfe bekommen könnte. Ich meldete mich im Oktober 1984 zu einem Seminar ‚Angewandte Menschenkenntnis' an, das mich stabilisierte und mir half, mein Selbstvertrauen zurückzugewinnen. Die Zuversicht in meine Menschenkenntnis lag nach dem Zwischenfall mit Carlos in Trümmern. Bis dahin hatte ich mein Talent, Menschen richtig einzuschätzen, nie in Zweifel gezogen und war dann wirklich sehr brutal mit einer Realität konfrontiert worden, in der sich Betrüger geschickt verstellen und genau damit arbeiten, dass Menschen wie ich geblendet werden. Ich glaube, dass ich mich genauso verletzlich gefühlt habe wie alle Verbrechensopfer. Wer irgendwann einmal erlebt hat, wie Einbrecher die Wohnung verwüsten, wird verstehen, was ich meine. Es ist nicht so sehr die Wut über die gestohlenen Vermögenswerte, die uns so aus dem seelischen Gleichgewicht bringen kann. Es ist vielmehr die Verletzung der Intimsphäre, das Gefühl, sich nicht wehren zu können gegen die ungeheure kriminelle Energie, die unsere Schwächen ausspäht und uns nackt und hilflos zurücklässt, nachdem sie sich genommen hat, was sie will. Zurück bleibt nicht selten der Verdacht, man könne immer wieder Opfer werden. Und es ist schwerer als man glaubt, aus eigener Kraft den Glauben an die eigene innere Stärke wieder aufzubauen.

Ich besuchte damals zwei Seminare, die mir sehr halfen. Sie veränderten tatsächlich meine Einstellung dazu, wie gut es tun kann, sich Hilfe zu holen, wenn man sie benötigt.

Damals wusste ich natürlich nicht, dass sich genau hier für mich eine Perspektive auftat für meine weitere Zukunft. Ich war inzwischen 46. In diesem Alter als Selbständige vor einem derart gewaltigen Berg von Schulden zu stehen, bedeutete aller Wahrscheinlichkeit nach, dass ich den Gedanken an eine Rente weitestgehend aufgeben konnte. Aber sollte ich mich gleich mit aufgeben? Alles in mir schien „Nein!" zu schreien. Ich war aber noch in einem Tief gefangen, in dem Klarsicht nicht möglich war. Nun, dafür gab es aber eine Macht, die mich behütete, und die führte mich in den folgenden Jahren behutsam an ein Ziel, von dem ich 1984 nicht ahnte, dass es auf mich wartete. Im

Laufe der nächsten zwanzig Jahre habe ich immer und immer wieder Seminare besucht. Irgendwann fiel der Groschen. Ich lernte Autogenes Training, Meditationen, studierte Metaphysik, besuchte Heilseminare und spürte nicht nur, wie gut mir dies alles tat. Ich begriff im Laufe der Jahre auch, dass ich die Kraft, die ich hier tankte, vielleicht gar nicht alleine aufbrauchen könnte. Ich begann mir vorzustellen, wie ich sie weitergeben würde, wenn ich einmal Zeit hätte. Später, viel später. Als ich dann 2001 meinem Sohn die Firma übergab, ließ ich mich selbst darin ausbilden, anderen Menschen zu helfen. Darüber berichte ich natürlich auch in diesem Buch, vor allem darüber, wie sich der Kreis endlich schloss und sich für mich der perfekte Weg auftat, meine Caravanleben und das neue Leben, dass ich mir aufbaute, in meinem wunderbaren Zentrum für Entspannung zusammenzuführen.

Jetzt aber befinde ich mich in meiner Geschichte erst am Anfang dieses Weges, der für mein damaliges Ich noch in vollkommenem Dunkel liegt.

Mit dem ersten Seminar, das ich besuchte, ging aber das erste Licht an, auch wenn ich neben dem Trost, den ich fand, dort vor allem auf die Idee kam, das zu tun, was andere Seminarteilnehmer auch taten: Versicherungen verkaufen.

Diesen Abschnitt meines Lebens kann ich mit wenigen Sätzen abhaken: Vielleicht passten diese beiden Bereiche einfach nicht unter einen Hut. Wohnwagen- oder Reisemobilkäufer suchten das Abenteuer, die Abwechslung, das Neue, die Bewegung, ein wenig immer auch den Nervenkitzel und das Risiko. Versicherungen kümmern sich um das Unbewegliche, Starre, bereits Bekannte. Je weniger Risiko, desto besser. Wie sollte ich jemandem, der gerade ein Mobil für 40.000,00 DM kaufte, klar machen, dass es gut sei, sich gegen Einbruch zu versichern, solange er unterwegs sei? Oder ihm ausmalen, was der Wasserschaden während seiner Reise daheim anrichten würde? Oder

der Wohnungsbrand? Auch schien es mir nur schwer über die Lippen kommen zu wollen, jemandem zum Kauf zu gratulieren und seiner Frau dann wacker die Risikolebensversicherung anzubieten, für den Fall, dass der Gatte unterwegs einen tödlichen Schlaganfall erlitt. Ich verkaufte also zwei Jahre lang mehr schlecht als recht Versicherungen im Nebenerwerb und war froh, als ich damit wieder aufgehört hatte. Punkt.

Denk bei Stürmen immer daran, dass es deine Wurzeln sind, die dir Halt geben.
(Maria Dhonau)
1985–1986

Die Jahre 1985 und 1986 sind mir in Erinnerung geblieben durch Nächte, in denen ich um drei Uhr plötzlich aufwachte, überwältigt von dem Gefühl, ich könne nicht mehr. Schlaflos und durchdrungen von schweren Zweifeln, Mutlosigkeit und Verzagen lief ich in meiner Wohnung hin und her, saß am Fenster, starrte in die Nacht und hatte keinerlei Vorstellung davon, woher ich nur die Kraft nehmen sollte, durchzuhalten.

In diesen Stunden kreisten meine Gedanken immer wieder in denselben Bahnen. Über meine anstrengende und kräftezehrende Gegenwart glitten sie immer wie von selbst zurück in meine Kindheit.

Mein Vater war Tierarzt gewesen, meine Mutter stammte von einem herrschaftlichen Gut im Osten. Sie war während der Abwesenheit meines Vaters in unserem Dorf für alle offiziellen Belange zuständig und übertrug mir früh die Verantwortung für den jüngeren Bruder oder rief mich zu ihrer Unterstützung herbei. Die Geschichten aus dieser Zeit würden leicht ein weiteres Buch füllen.

Mein Vater wurde 1939 eingezogen und galt nach 1944 als verschollen. In Etappen floh unsere Mutter mit uns Kindern in den nächsten zwei Jahren Richtung Westen, mal zu Fuß, mal heimlich auf einem Güterwagen, auf den wir uns geschlichen hatten. Dann wieder fanden wir irgendwo für ein paar Wochen ein Zimmer unterm Dach. An ein Erlebnis aus dem Jahr 1946 kann ich mich noch gut erinnern. Mutter konnte Hühner einfach so einfangen, das hatte sie auf dem elterlichen Gut gelernt. Genau das tat sie also eines Tages – wir wohnten vorübergehend in Landsberg bei Leipzig –, dann steckte sie das lebende Huhn in ihre Tasche und brachte es in das Zimmer, wo mein Bruder und ich auf sie warteten. Wir hatten fürchterlichen Hunger. Mutter hängte das lebende Huhn kopfüber an den Füßen hinter der Zimmertür unters Dach, wo es hilflos flatterte und schrie. Wir Kinder waren wie versteinert. Mutter verschwand ohne viele Worte sofort wieder, und kurze Zeit später kam die Polizei. Ich sandte ein Stoßgebet zum Himmel: „Lieber Gott, wenn wir das Huhn behalten dürfen, dann lass es ganz ruhig sein!"

Die Polizei sah sich im Zimmer um, allerdings nur oberflächlich, sonst hätten sie das Huhn, das sich vollkommen ruhig verhielt, sicher entdeckt. Kaum hatten die Polizisten sich entfernt, fing das Huhn wieder an zu krakeelen. Als Mutter dann irgendwann zurück kam, erlöste sie das arme Tier und bereitete eine Mahlzeit, die uns Tage lang ernährte und mit zu dem Köstlichsten gehört, was ich je gegessen habe.

Im September 1947 kamen wir dann in Braak im Kreis Holzminden an. Wir lebten nun in zwei kleinen Zimmern, und endlich durfte ich auch eine richtige Schule besuchen. Schnell meinte ein Lehrer, ich müsse die 4 km entfernte Realschule besuchen, ein Gymnasium gab es nicht. Dazu musste ich aber erst eine 10-tägige Aufnahmeprüfung bestehen. Meine Mutter versprach mir einen Dauerlutscher, wenn ich mir

Mein Bruder Toni und ich am 3. Mai 1951 zur 1. hlg. Kommunion in Stadtoldendorf. (Foto Dhonau)

*Mein Bruder Toni und ich in Braak/
Stadtoldendorf, wo unsere Mutter in
meinen Armen ein Jahr später starb.*
(Foto Dhonau)

nur recht viel Mühe gäbe.
Ich sehe mich heute noch
nach bestandener Prüfung mit
einem Groschen in der Hand
zu Mönkemeier springen und
dann genüsslich an meinem
Dauerlutscher lutschen!

1951 wurde meine Mutter
plötzlich krank, und sie kam
ins Krankenhaus, wo man sie
operierte. Es wollte ihr aber
einfach nicht besser gehen,
so dass sie im Februar 1952
noch einmal operiert werden
musste. Dabei stellte man fest,
dass ¾ ihres Magens bereits
von Krebs zerfressen waren.
Ich war zu diesem Zeitpunkt
13 Jahre alt.

Meine Mutter hatte nur einen Wunsch: Ich sollte sie pflegen.
Das bedeutete aber, dass ich die Schule nicht mehr besuchen
konnte. Mutter meinte, sie zu pflegen würde mich schon fürs
Leben schulen. Ich wurde beurlaubt, und der behandelnde Arzt
war sich sicher, dass es nicht länger als 14 Tage dauern würde.
Mein kleiner Bruder wurde von der Kirche in einen Konvent
nach Duderstadt gegeben. Da meine Mutter ein kräftiges Herz
hatte, lebte sie unter meiner Pflege aber noch ein halbes Jahr.
Ich fütterte sie, wusch sie, wechselte und wusch die Bettwäsche
und entfernte das Erbrochene, denn sie übergab sich nach jeder
noch so kleinen Mahlzeit, die ich ihr einzuflößen versuchte.
Der Arzt, der nur einmal in der Woche aus der Stadt kam, ließ
mir Morphiumzäpfchen da, die ich ihr ab Mitte Juni gab, wenn
ich meinte, sie könne die Schmerzen nicht mehr ertragen. Ein-

mal im Monat kam der jüngste Bruder meiner Mutter, Onkel Hubert, um mir zu helfen. Ansonsten war ich mit allen Arbeiten und vor allem mit allen Entscheidungen vollkommen auf mich gestellt. Anfang August, als Onkel Hubert gerade wieder da war, machten wir Mutters Testament. Zwei Nachbarn fungierten als Zeugen. Zu vererben hatte sie nichts, obwohl sie aus einer sehr wohlhabenden Familie stammte, aber das war mir egal. Ich hätte für immer auf alles verzichtet, wenn es sie nur wieder gesund gemacht hätte! Ehe sie am 9. August 1952 in meinen Armen starb, ermutigte sie mich noch, niemals aufzugeben, egal welche Hürden mir das Leben noch in den Weg legen mochte. Das musste ich ihr versprechen.

Wir bestatteten sie am 12. August.

In diesem halben Jahr endete meine Kindheit.

Mein Onkel setzte mich nach der Bestattung alleine in einen Zug, und ich fuhr in mein neues Zuhause, wo Tante Erna und ihr kleines Kind mich erwarteten. Mein Bruder kam kurze Zeit

Tante Erna und Onkel Hubert, meine geliebten und fürsorglichen Pflegeeltern, denen ich sehr viel zu verdanken habe. (Foto Dhonau)

1953 in Bad Salzuflen in meiner neuen Familie mit Barbara und Reinhard, die bis heute für mich wie Geschwister sind. (Foto Dhonau)

später. Onkel Hubert und Tante Erna waren jung verheiratet, hatten ein kleines Kind und erwarteten das nächste, das im März des folgenden Jahres geboren wurde. Die Erinnerung an sie erfüllt mich bis heute mit großer Dankbarkeit.

Ich kam in Lage/Lippe in die Freiligrathschule.

In der Zeit, in der ich Mutter gepflegt hatte, war meine ganze Kraft scheinbar in sie geflossen. Ich war so gut wie nicht gewachsen und war so klein, dass mich die Lehrerin in die erste Reihe setzte, damit ich etwas sehen konnte. Irgendwann jedoch schien meine Seele verstanden zu haben, dass es mir nun gut gehen würde, und als habe sie dem Körper grünes Licht gegeben, schoss dieser plötzlich – nicht zuletzt dank der Kochkünste von Tante Erna – in die Höhe, als könne er gar nicht erwarten, das Verpasste nachzuholen.

Ich erinnere mich, dass ich fast täglich in Ohnmacht fiel und immer erst auf dem Sofa beim Hausmeister zu mir kam. Nach einem halben Jahr hatte ich dann nicht nur den fehlenden Schulstoff aufgeholt, sondern auch das fehlende Wachstum. Ich war um mehr als einen Kopf in die Höhe geschossen und zählte plötzlich zu den größten der Klasse, war aber, wie man sagte, ‚bohnenstangendürr‘.

Mein geliebter Klassenlehrer, Herr Kersten, förderte mich nach Kräften, intellektuell und finanziell. Immer trieb er Fördermittel auf, damit ich

Mein geliebter Pflegevater Onkel Hubert kurz vor seinem Tode. (Foto Dhonau)

an Schulausflügen teilnehmen konnte. Bis zu seinem Tod vor zehn Jahren stand ich mit ihm in Verbindung. Er hat mich sogar einmal in Mülheim besucht, weil er wissen wollte, wo seine „liebste Schülerin" abgeblieben war.

Wenn ich in jenen langen, dunklen Nächten nach meinem Beinahe-Ruin also in meiner Wohnung saß und in die Nacht blickte, dann war dies die Reise, die mein Geist immer und immer wieder unternahm. Und stets erinnerte ich mich an das unbeschreibliche Gefühl, dass ich gehabt hatte, als man mich damals nach der Beerdigung in den Zug setzte. Die Wiesen, Felder und Wälder sausten an meinem Fenster vorbei, und ich spürte mit jeder Faser meines jungen Körpers, wie mein Leben in Fahrt kam. Ich hatte eine schwere Zeit hinter mir, ganz bestimmt, vielleicht schwerer als das, was viele meiner Altersgenossen erlebt hatten, aber ich hatte Mut zugesprochen bekommen von einem Menschen, den ich über alles geliebt hatte. Sie hatte von mir das Äußerste gefordert und Frieden gefunden, durch meine Kraft. Ich fühlte mich stark, als meine Reise begann und voller Zuversicht, und ich ließ mich in diesen Nächten von der Erinnerung an dieses Gefühl durchströmen und tragen. Und wenn meine innere Reise mich dann vor das Haus des Onkels führte, wiederholte ich in Gedanken den Spruch, der seinen Giebel zierte: „Wer arbeitet von früh bis spät, dem wird auch viel geraten. Der Neider sieht das Blumenbeet, aber nicht den Spaten!" Das ließ mich lächeln, und ich konnte tief ein- und ausatmen. Für kurze Zeit fühlte ich mich ein wenig von meiner Last befreit und wusste, es war wichtig, nun zu Bett zu gehen. Dorthin nahm ich dann das Bild dieses Blumenbeetes mit, wie ich es mir als junges Mädchen ausgemalt hatte. Und das Gefühl der Zugfahrt. Wenn ich dann morgens aufwachte, war ich wieder im grünen Bereich. Es konnte weitergehen.

Energie will fließen.
Das ist das Geheimnis ihres Zaubers.
(Maria Dhonau)
1986–1989

Ich erinnere mich an einen Abend im Jahr 1986, an dem mich meine Freundin Pia besuchte, um mich mal für eine Stunde abzulenken. Es war der 15. des Monats und ich musste noch am selben Abend beim Finanzamt einen Scheck einwerfen über 30.000,00 DM, aber es war nicht genug Geld auf dem Konto, bei weitem nicht. Abergläubisch bat ich Pia, an meiner Stelle den Brief in den Briefkasten des Finanzamtes zu werfen, als wir dort standen. Als ich ihr erklärte, wieso, sagte sie nur: „Deinen Glauben möchte ich haben!" Dann warf sie den Brief mit dem ungedeckten Scheck ein.

Am nächsten Morgen kam schon früh ein Kunde auf den Platz. Er hatte sich vor ein paar Tagen ein Mobil angesehen und sich nun entschieden. „Frau Dhonau, ich nehme es! Hier ist meine Anzahlung", strahlte er mich an und drückte mir eine Plastiktüte mit 30.000,00 DM in die Hand.

Ich hätte ihn am liebsten umarmt, und das ‚Gott sei Dank', das in mir aufstieg, kam aus tiefster Seele.

Ich fuhr umgehend zur Bank, zahlte das Geld ein und atmete erleichtert auf. Das war knapp. Nicht zum ersten und ganz sicher nicht zum letzten Mal, das wusste ich.

Pia erzählt noch heute gerne diese Episode, und jedes Mal, wenn sie das tut, werde ich sehr ruhig und dankbar, so auch jetzt, wo ich darüber schreibe, und fühle mich wunderbar geborgen. Was der eine ‚Zufall' nennt, nenne ich ‚Gottes Hand', andere mögen es nennen wie sie wollen. Klar ist für mich nur: sicherer sind wir nirgends.

Meine monatlichen Verpflichtungen gegenüber dem Finanzamt und Dethleffs habe ich stets pünktlich eingehalten, und so gelang es mir, meinen guten Ruf nicht nur zu retten, sondern ihn gleichsam auszubauen.

Fritz Berger war sehr stolz auf meine vielen und guten Verkäufe und sparte in der Branche nicht mit Lob.

So kam 1986 dann schließlich Hermann Kock, Geschäftsführer für Karmann Reisemobile, an meinen Stand.

Wir kannten uns bereits seit 1964. Damals war er bei der Firma Cawad in Düsseldorf. Cawad verkaufte Caravans namens ‚Nene Valley' und ‚Bluebird', die sie von England importierten. Ich hatte sie 1964 und 1965 mit im Angebot, konnte davon aber keine nennenswerten Stückzahlen umsetzen.

Hermann Kock hatte bei Karmann nicht nur die Autovilla, sondern viele andere großartige Ideen umgesetzt. Er war Visionär und baute bereits vor 25 Jahren Reisemobile bei Karmann, die heute immer noch mit ihrer schlichten Eleganz aktuell sind. Als nach dem Tod von Herrn Karmann Senior sein Sohn aus dem Reisemobilgeschäft ausstieg und alles verkaufte, verlor Karmann auch Hermann Kock, die ‚gute Seele'. Ich habe aber bis heute zu ihm Kontakt. Er wohnt in Ostbevern in einer alten Mühle, der sogenannten ‚Kock's Mühle, einer Wassermühle aus dem späten 18. Jahrhundert, die in

Hermann Kock, ein Visionär und Caravanmensch der ersten Stunde, ca. 20 Jahre Geschäftsführer von Karmann, Rheine, Abt. Reisemobile und Caravans, heute noch ein alter Freund. (Foto Hermann Kock)

den 60er Jahren in den Besitz seiner Familie kam.

Über eine meiner Gruppenreisen zu ihm berichte ich später, um mich hier nicht vollends aus der Chronologie meiner Geschichte heraus zu katapultieren, die immer mal wieder – dort wo es nicht allzu dramatisch zugeht – gerne auch episodenhaft daher kommt.

So fällt mir aus dem Jahr 1986 eine Episode ein, die ich nie mehr vergessen habe, weil sie so viel aussagt über die Leidenschaft, die meine Kunden für ihr Hobby mitbrachten.

Reisemobile waren ja nun deutlich auf dem Vormarsch. Den Luxus, ohne Gespann und dennoch mit größtem Komfort reisen zu können, konnten sich viele erst leisten, wenn sie ein gewisses Alter und eine gewisse finanzielle Unabhängigkeit erreicht hatten. Häufig waren meine Wohnmobil-Kunden gut situierte Rentner.

In jenem Jahr kam allerdings ein Kunde zu mir, der inzwischen achtzig Jahre alt war und mir erzählte, dass er noch immer alleine mit dem Reisemobil unterwegs sei. Nun habe seines einen Motorschaden und er suche nach einem gut erhaltenen Gebrauchten. Wir sahen uns gemeinsam einige Modelle an, er entschied sich für einen HYMER B 544 für 40.000,00 DM. Am nächsten Tag wollten wir den Vertrag machen. Als er kam, sah mein Kunde aber sehr niedergedrückt und traurig aus. Seine Tochter habe ihm verboten, noch einmal alleine mit einem Mobil zu verreisen. Zu groß sei ihre Sorge um seine Gesundheit.

„Wenn ich nicht mehr fahren kann, dann sterbe ich bald. Dabei ist es so egal, wo man stirbt, die Seele ist doch überall zuhause!" Er erzählte, dass er eine Versicherung habe, die seinen Leichnam von jedem Ort der Welt zurück nach Ratingen überführen würde.

Um den alten Herrn zu trösten, nahm ich ihn in den Arm.

Einen Tag später stand er wieder auf dem Hof.

„Ich nehme das Mobil. Wenn meine Tochter nicht nachgibt,

dann müssen Sie halt alles für mich erledigen mit der Zulassung. Ich stehe dann mit Sack und Pack hier und hau mit dem Wagen ab!"

Wieder nahm ich ihn in den Arm und versuchte zu vermitteln. Das sei alles natürlich seine Entscheidung, aber ich empfahl ihm, doch noch einmal mit seiner Tochter zu sprechen. Vielleicht ließe sie sich erweichen, wenn er beschließen könnte, sich Reisebegleitungen zu suchen?

„Ach, die hatte ich doch alle schon!", erwiderte er. „Die eine hatte plötzlich Heimweh, die andere dauernd schlechte Laune, und die nächste wurde krank und musste ein Flugzeug nach Hause nehmen."

Das Thema ließ ihn aber nicht mehr los. Seine Tochter hatte inzwischen widerwillig ihrem sturen Vater nachgegeben, wie er mir stolz erzählte, als er das nächste Mal kam. Dann reichte er mir einen Briefumschlag.

„Werfen Sie den bitte für mich ein", bat er mich. „Sie haben mir Glück gebracht!"

Als ich den Brief in den Briefkasten einwarf, sah ich, dass es sich um eine Chiffre Anzeige für die WAZ handelte.

Bis zu seinem nächsten Besuch verging ein halbes Jahr. Freudestrahlend kam er auf mich zu, den Arm um eine sympathisch wirkende Frau gelegt. Das Glück der beiden war greifbar, und ich freute mich sehr für sie.

Ein Jahr später kam er wieder vorbei, diesmal alleine. Nein, sie seien nicht mehr zusammen. Man habe sie in Spanien überfallen und die Diebe hätten seiner Freundin die Ohrringe aus den Ohren gerissen, da habe sie nur noch heim gewollt. Das tat mir sehr leid! Danach habe ich von ihm leider nie mehr etwas gehört.

Das Jahr 1986 hielt mich allerdings so auf Trab, dass ich kaum Muße hatte, mich darüber zu wundern. Im Herbst zahlte ich nicht ohne Stolz meine letzte Rate an das Finanzamt und konnte einen dicken Haken hinter diesen Teil der Carlos-Altlast machen. Jeder zukünftige Scheck würde nun die laufenden Verpflichtungen weiter bedienen, die ja auch nicht ganz ohne waren, aber ich fühlte mich nun vom Makel der Fast-Gescheiterten befreit. Wer wie ich diesen Weg hinter sich hat, weiß, dass nie ein freundlicher Anruf kommt, mit dem das Finanzamt so etwas wie ein Kompliment ausspricht oder Dank dafür, dass man sich solche Mühe gegeben hat, statt den Kopf in den Sand zu stecken und die Finger in die Höhe zu reißen, und man feiert den Triumpf ziemlich einsam. Ich bildete mir aber ein, auch in dieser Behörde ein Zeichen gesetzt zu haben, dass ich zu meinem Wort stünde, komme was da wolle. Ein guter Ruf wird selten mit einem Knall aufgebaut, sondern eher durch unerschütterliche Beständigkeit. Er muss einsickern ins Bewusstsein der anderen, wo er dann schlummert und sich ganz still und leise aufbaut, bis er sich so gefestigt hat, dass er nicht mehr erschüttert werden kann. Ich heftete den Kontoauszug mit der letzten Rate fast ehrfürchtig ab. Irgendwo in dieser Behörde saßen Menschen, die ‚mich' bearbeitet hatten. Wenigstens sie würden wissen, was mein Wort wert sei, bildete ich mir ein und schloss die Akte.

1986 war aber auch das Jahr, in dem ich die Dhonau Travellers GmbH gründete, die dann 1998 in meine ‚normale' Einzelfirma Maria Dhonau mit überging. Die Idee dazu hatte Uri, ein Kunde aus Israel. Er kam im Frühjahr 1986 zu mir mit dem Vorschlag, Wohnmobile an Israelis zu vermieten, die Deutschland kennenlernen wollten. Er würde ein Wohnmobil kaufen, anschließend nach Israel überführen, dort mit Werbung für diesen Service bekleben und als Werbemobil durchs Land fahren lassen, um Interesse zu wecken. Ein guter Freund sei außerdem bei der Israel Airlines und könne günstig Flüge anbieten. Ich war ja prinzipiell für alles offen, was Umsatz versprach und hatte grundsätzliches Interesse signalisiert. Auf der Frühjahrsmesse erreichte mich

Vera, meine immer hilfsbereite Tochter, die heute auch in der Caravanbranche zuhause ist. Sie betreut die Händler von Deutschland und Österreich der Fa. Pilote. (Foto Dhonau)

dann plötzlich der Anruf, für Mittwochabend sei in Düsseldorf ein Ticket nach Tel Aviv hinterlegt. Ich flog also buchstäblich Hals über Kopf nach Israel, wo ich den gesamten Donnerstag mit meinem eingerosteten Schulenglisch verhandelte, ehe nachts um halb zwei mein Flug zurück nach Brüssel ging. Dort holte mich meine Tochter Vera morgens um 4 Uhr ab. Um halb sieben waren wir in Mülheim, ich sprang kurz unter die Dusche und fuhr sofort zurück zur Messe. Am Freitagabend fiel ich dann buchstäblich wie gefällt ins Bett.

Die Verträge mit den Israelis, die sich natürlich finanziell beteiligten, wurden notariell abgewickelt. Ich hatte im Mai mein erstes Faxgerät bekommen, und eines Morgens lag darin eine Reservierung aus Israel, in hebräischer Sprache. Na prima!

Dennoch lief die Kooperation sehr gut an. Wir hatten 6 Wohnmobile auf Mitsubishi Basis gekauft. Mit einem davon holten wir jeweils die Gäste in Köln/Bonn am Flughafen ab, übergaben ihnen das Reisemobil, und bereits nach 14 Tagen Rundfahrt brachten sie es zurück, denn mehr Urlaub hatten sie in der Regel nicht. Dann fuhren wir sie zum Flughafen, verabschiedeten uns herzlich und fuhren heim. Uri's Freund Alex, der für die Flüge verantwortlich war, hatte einen Bruder namens Paul, der Hebräisch sprach und somit für uns sehr wichtig war. Sein Motto lautete: „See what happens!" Paul ließ sich durchs nichts aus der Ruhe bringen. Noch heute ist dies zwischen Kai und mir ein geflügeltes Wort, wenn es stressig wird, denn Kai war damals bereits voll in die Aktion der Dhonau Travellers GmbH eingebunden und verdiente sich ein Taschengeld, indem er half, die Wohnmobile nach der Rückgabe zu reinigen.

Alles schien so weit in Ordnung, aber bereits nach ein paar Wochen kam Sand ins Getriebe, um im Bild zu bleiben. Die ersten Gäste kamen nicht an, weil sie ihren Flug verpasst oder einfach vergessen hatten, uns mitzuteilen, dass sich ihre Reisepläne geändert hatten. So fuhren wir immer häufiger unverrichteter Dinge vom Flughafen zurück nach Mülheim. Dann kamen zunehmend Wohnmobile so verdreckt zurück, dass wir sie kaum reinigen konnten. Das ging so weiter bis August, da hatten wir dann die Nase voll. Ich flog also im September 1986 mit meinem ältesten Sohn Thomas nach Israel, um die Kooperation zu beenden und den Mitsubishi zurück nach Deutschland zu holen. Die Kosten dafür übernahmen unsere Partner, die aufgrund der schlecht gelaufenen Geschäfte auch kein Geld mehr aus der Auflösung des Vertrages zu erwarten hatten.

Thomas wohnte inzwischen längst in meiner Nähe. Das Abitur hatte er noch bei seiner Familie gemacht, die Bundeswehrzeit verbrachte er dann in Augustdorf bei Detmold. Er hatte aus der neuen Ehe seines Vaters zwei Halbgeschwister, und die Situation zwischen unseren Familien hatte sich inzwischen so entspannt und normalisiert, dass ich auch zu den beiden bis heute einen sehr guten Kontakt habe, ebenso wie Vera und Kai. Meine beiden Ex-Männer sind auf allen Familienfeiern dabei und verstehen sich prächtig. Thomas hat mich auf einer dieser Feiern einmal angestubst und gesagt: „Schau dir mal deine beiden Männer an, wie die zusammen lachen!"

Letztlich bestätigt sich in solchen Augenblicken immer wieder, dass der Ausstieg damals aus unseren kleinen, selbst gemachten Ehehöllen für uns alle am Ende eine bessere Zukunft überhaupt erst möglich machte. Ich mag in dem Zusammenhang das Bild von der Patchwork-Familie sehr. Manche übersetzen sie mit ‚Flickwerk‘. Ich finde, dass sie eher ‚Zusammenwachsen‘ symbolisiert. Ehen scheitern ja nicht absichtlich, aber wenn sie es tun, dann stehen plötzlich die Verlassenen alleine im Regen, manchmal ohne Halt und nicht selten ohne Liebe. Aber sie haben in ihren Taschen ein kleines Fünkchen ‚Chance‘, mit dem sie neue Liebe und neues Glück finden und suchen können. Und dann schließen sich die ehemals Verlassenen auf eine ganz neue und wunderbare Art mit neuen Partnern zusammen, bis am Ende alte Wunden verheilen und mit den Lieben von früher gesündere Beziehungen geknüpft werden können. Und daraus entsteht dann, wie bei uns, eine wärmende Decke, unter der wir alle Zuflucht suchen können, wenn uns kalt ums Herz ist, und diese Phasen können über Nacht über einen hereinbrachen. Als die Beziehung zwischen Thomas und seiner Freundin nach 11 Jahren schließlich zerbrach, zog dies meinem Kind fast den Boden unter den Füßen weg, und unsere ‚Decke‘ musste ihre Qualität beweisen. Sie gab ihm Halt und er fing sich wieder. Heute ist er glücklich verheiratet und ein guter Vater. Ja, das ist Patchwork für mich. Bewusst und vor allem aus freien Stücken und mit viel Einsatz zusammen genäht, können sie Wunder vollbringen, diese familiären Kunstwerke.

Dazu muss man aber den anderen auch nehmen, wie er ist, und so fand sich mein erster Mann damit ab, dass Thomas einfach keine Neigung zur Caravanbranche hatte, und stattdessen in den Textilbereich strebte. Sein Halbruder allerdings leitet heute sehr erfolgreich einen großen Wohnwagenbetrieb. Darüber muss ich immer ein wenig schmunzeln, wenn ich daran denke, wie sehr sich mein erster Mann seinerzeit gegen mein Engagement für diese Branche gewehrt hat und sich mit Zähnen und Klauen in die Tankstelle verbiss. Ganz offensichtlich hat er in seinen Genen eine Menge mehr Caravananteile, als er geglaubt hat, sonst wäre sein zweiter Sohn nicht so erfolgreich. Und in Thomas kommen vielleicht die Gene seiner Großmutter väterlicherseits wieder zum Vorschein, wer weiß? Immerhin war meine damalige Schwiegermutter auf diesem Gebiet geradezu begnadet. Diese Liebe zu schöner Garderobe führte früh dazu, dass er sich gerne gut kleidete. Dazu besuchte er vor allem ein ganz bestimmtes Modehaus in Detmold. 1991, er studierte bereits, machten er und sein Freund, ein Verkäufer jenes Herrenausstatters, sich selbständig und eröffneten in Gütersloh ein Geschäft. Während der Partner das Geschäft leitete, schnupperte Thomas durch einen befreundeten Iren Großhandelsluft. 1994 entwickelte er sein eigenes Label „Reiss", und wurde damit über Nacht bekannt. Inzwischen war er auch mit seiner jetzigen Frau schon zusammen, einer erfolgreichen Werbekauffrau, die zudem sieben Sprachen sprach. Er eröffnete in Düsseldorf in einer alten Fabrik einen wunderbaren Show Room der Extraklasse, der mich noch heute begeistert, wenn ich an die gelungene Mischung aus Moderne und dem Charme der Fabrik zurückdenke. 1996 trennte er sich von seinem Partner und stürzte sich noch mehr und sehr erfolgreich in den Großhandel.

Er ist ständig weltweit unterwegs. Damals hatte er aber noch Zeit für ,Maria' und schon das Know How, um sie nach Israel zu begleiten. Inzwischen war er auch so weit fortgeschritten in seinem Studium, dass ich schmunzeln muss, wenn ich an die Vorträge denke, die er mir auf dem Hin- und Rückflug hielt. Fassen wir sie einfach mal so zusammen: Dieser kleine Ausflug in internationale Geschäfte kurierte mich von meinem Drang zur persönlichen Globalisierung, und von da an konzentrierte ich mich ausschließlich auf meine Geschäfte zuhause.

Am 17. März 1988 verstarb während eines Brasilienaufenthaltes plötzlich und völlig unerwartet Fritz Berger, der mich 1984 mit seiner Unterstützung vom Abgrund zurückgerissen hatte. Sein Kompagnon Herr Immler übernahm den Betrieb und überprüfte im Zuge der Übernahme natürlich alle Vereinbarungen, die Berger getroffen hatte, so also auch die mit mir. Er sah sich nicht in der Lage, unsere Geschäftsbeziehung auf derselben Ebene weiterzuführen. Meine Verkaufszahlen seien doch sehr vorzeigbar, da wäre die Rückkehr zu einer ‚normalen‘ Geschäftsbeziehung sicher kein Problem.

Nun, für mich war sie ein Problem, und ich war noch lange nicht in der Lage, alle bei mir stehenden Fahrzeuge mit einem Schlag abzurechnen.

Gott sei Dank war ich nicht mehr vollkommen von ihm abhängig. Auf meinen Plätzen standen ja inzwischen wieder die Fahrzeuge verschiedenster Anbieter. Da jeder in der Branche wusste, dass ich gut verkaufen konnte, war mein Angebot relativ bunt. Oase, Frankia, Cristall und immer auch ein paar Karmann Fahrzeuge, seit Hermann Kock mich 1985 auf der Frühjahrsmesse am Stand aufgesucht hatte: Das alles konnte sich sehen lassen. Natürlich hatte ich mich für Fritz Berger aufgrund seiner großartigen Hilfe besonders ins Zeug gelegt, aber ich stand nach der Carlos-Episode gerne sicherheitshalber auf mehreren Beinen. Ich war noch immer traumatisiert von dem Komplettabzug von Dethleffs seinerzeit und fühlte mich mit mehreren Standbeinen einfach sicherer.

Nach dem Gespräch mit Bergers Nachfolger griff ich zum Hörer und rief Kock an. Wenn er daran interessiert sei, unsere Zusammenarbeit auszubauen, wäre jetzt ein geeigneter Zeitpunkt, um darüber zu sprechen.

Nach dem Caravan Salon im Herbst 1986 machte mir der Bruder von Wolfgang Thrun, Horst Thrun ein verlockendes Angebot. Ich sagte ja bereits, die Liebe zum Caravan liegt in den Genen. Die Familie Thrun ist sicher ein weiteres Beispiel dafür.

Horst Thrun war seinerzeit unter anderem Verkaufsleiter bei Weinsberg, einem Karosseriewerk, das nur wenige Reisemobile im Angebot hatte. Er bot mir aber an, die Messefahrzeuge

1987 feierte Weinsberg 75-jähriges Bestehen. Auf diesem Foto verkleidet als Brautpaar: Thomas und eine Freundin. Im Mobil: Vera. (Foto Dhonau)

nach der Herbstmesse von Essen nach Mülheim zu ziehen, sie zu verkaufen und dann erst abzurechnen. Ich war von dem Angebot sehr angetan, setzte mich ins Auto und fuhr ins Werk nach Weinsberg, wo ich die Details mit seinem Handlungsbevollmächtigten, Herrn Lindauer besprach und vertraglich regelte.

Außerdem holte mich die Firma Rall, ein HYMER-Vertreter aus Stuttgart, wieder auf die CMT, die immer im Januar in Stuttgart stattfand. Dort arbeitete ich übrigens von 1985 bis 95 und von 2002 bis 2007 auf Provisionsbasis. Angebote wie dieses erreichten mich in diesen Jahren immer wieder, weil alle möglichen Menschen versuchten, mir irgendwie zu helfen. Auf Provisionsbasis irgendwo einzuspringen, wo Hilfe benötigt wird, mache ich bis heute, nicht zuletzt, um weiter geistig fit zu bleiben. Immerhin ist Caravaning mein Leben.

Wie immer, trafen sich alle aus unserer Branche auf diesen Messen, und so kam auch stets Herr Lindauer bei mir vorbei. Er sparte nicht mit Lob, was meinen Einsatz in Mülheim für Weinsberg betraf.

1988 war auch das Jahr, in dem ich den letzten großen Scheck an Dethleffs überreichen konnte. Was war das für ein wunderbares Gefühl! Im Gegenzug überreichte man mir meinen Schmuck, den Carlos ohne mein Wissen seinerzeit als Sicherheit hinterlegt hatte. Ein Blick genügte, um festzustellen, dass die wertvollsten Stücke fehlten. Sie hatten gar nicht erst den Weg in den Dethleffs Safe gefunden, sondern waren vorher in den Taschen meines untergetauchten Ex-Geschäftspartners verschwunden. Bis heute fehlt von ihnen jede Spur.

Mein wertvoller Seidenteppich wurde mir leider auch nicht ausgehändigt. Ihn verrechnete man mit den Zinsen, die angefallen waren. Das schmerzte, war aber etwas, womit ich wirklich leben konnte.

Ich war so erleichtert und so stolz, als ich meinen restlichen Schmuck zuhause ausbreitete! Darunter mischte sich natürlich wieder eine unglaubliche Wut auf Carlos, und nur allzu gerne hätte ich gerade jetzt mein eigenes Rollkommando losgeschickt, um ihn zu finden. Es gab Gerüchte, er sei in Portugal untergetaucht, aber ich hatte weder die Mittel noch die Zeit, mich darum zu kümmern. Das ohnmächtige Gefühl, nichts, aber auch gar nichts gegen diesen Verbrecher ausrichten zu können, wühlte mich zutiefst auf. Der Firmenbetrug war eine Sache. Da hatte ich immer noch das Gefühl gehabt, ich sei selbst schuld gewesen, ihm auf den Leim gegangen zu sein.

Der Diebstahl meines Schmucks jedoch war faktisch nichts anderes als ein direkter Angriff auf meine Privatsphäre, ein primitiver Raub.

Für kurze Zeit kochte der alte Groll wieder in mir hoch, und ich spürte, wie das mühsam in den Seminaren aufgebaute Selbstbewusstsein in Wanken geriet. Nach vier Jahren großer Entbehrungen, schlafloser Nächte voller Geld- und Existenzängste und enormer Anstrengungen, den Mut nicht sinken zu lassen, riss die Erkenntnis, wie weit der Betrug gegangen war, die alten Wunden alle wieder auf.

Mir war einerseits danach, auf meine letzte Rate mit Champagner anzustoßen. Andererseits wollte ich das gefüllte Glas am liebsten mit voller Wucht gegen die Wand schleudern, ehe ich loszog, um Carlos aufzuspüren und zur Rechenschaft zu ziehen. Tatsächlich gingen mir noch ganz andere Gedanken durch den Kopf, was man alles mit ihm anstellen könne, befände er sich nur erst einmal in meiner Hand. Aber für eine Dame gehört es sich nicht, hier ins Detail zu gehen, wenn Sie verstehen, was ich meine.

Ich begnüge mich an dieser Stelle also mit dem Hinweis darauf, dass es mir unter Aufbietung aller erlernten Entspannungstechniken gelang, das Thema Carlos meines Seelenheils (und seiner Männlichkeit) zuliebe schließlich wieder loszulassen. Ich hatte gelernt, in der Gegenwart zu leben und für die Zukunft, und keine Energie an eine Vergangenheit zu verschwenden, die ich nicht mehr ändern konnte.

1988 ließ ich mich auch nicht mehr in den Vorstand des DCHV wählen. Der Deutsche Caravaning Handels-Verband e.V., der Fachverband für Caravan-Fachhändler, war 1974 von Michael Winkler gegründet worden, und seit 1979 war ich Präsidiumsmitglied. Zu meiner Zeit lag die Hauptaufgabe des Verbandes darin, die Interessen der Fachhändler gegenüber den Herstellern zu vertreten. Das konnte allerlei betreffen, wie Händlerrabatte, Messebeteiligungen, Lieferprobleme, Abnahmebestimmungen, Skonti bei den Rechnungen, Sonderbonus für Händler, die nur eine Marke vertraten und für die, die mehrere Marken vertraten. Die Arbeit im Verband verlangte viel Einsatz und Engagement, und wie üblich im Ehrenamt, bekamen wir selten lobende

Rückmeldungen der Händler, wenn wir wieder einmal etwas zu ihren Gunsten durchgesetzt hatten, während Kritik nie lange auf sich warten ließ.

Heute ist mein Sohn im Vorstand, und wenn ich ihn erzählen höre, dann kann ich nur froh sein, dass jetzt die nächste Generation dran ist. Die Probleme sind noch um ein Vielfaches komplexer geworden, um die sich der Verband inzwischen kümmern muss. Straßenverkehrsbeschränkungen, Steuer- und Führerscheinthemen (wie die mal geplante Besteuerung aller Reisemobile unter der teureren PKW-Steuer, oder die Führerschein-Beschränkung auf 3,5to für junge Menschen) sowie umfangreiche Rechtsberatungen sind nur einige Themen, die mir auf Anhieb einfallen, und sie sind lediglich die Spitze des Eisberges. Im Jahr 1999 gab Michael Winkler den Vorsitz an Wolfgang Liebscher ab, der das Amt 2011 damit schon seit 12 Jahren innehat.

Für die Hersteller gibt es natürlich auch einen eigenen Verband, den heutigen CIVD (Caravaning Industrie Verband, früher VDWH), der ebenso fleißig arbeitet wie der DCHV. Heute kooperieren diese beiden Verbände überall dort, wo es sinnvoll erscheint, Probleme vorab zu klären, um sie dann ohne allzu große Reibungsverluste zu lösen. Zu den Veranstaltungen der Verbände ist der jeweils andere Verband eingeladen.

In einem jährlichen Händlerwettbewerb zeichnet der DCHV Händlerbetriebe mit dem bronzenen, dem silbernen und dem goldenen C aus, je nach Organisationsleistungen und Serviceangeboten für die Kunden. Dieses Qualitätssiegel ist eine Klassifizierung, die Transparenz für die Kunden schafft, ähnlich wie die Sterne-Klassifizierung in der Hotellerie. Sie soll aber für den Handel auch Ansporn sein, die eigenen Leistungen immer unter qualitätssichernden Aspekten kritisch im Blick zu behalten und danach zu streben, sich zu verbessern. Das Qualitätssiegel ist drei Jahre gültig und kann dann wieder verliehen werden.

Während man einen Betrieb mit einem glänzenden C, welcher Farbe auch immer, für seinen Standard auszeichnen kann, so gibt es Anstrengungen und Engagement in unserer Branche, für die eine andere Form der Anerkennung notwendig ist. Und so verleiht der Verband des DCHV seit 2002 den ‚LUPO‘, den Lieferanten- und Partnerschafts-Oskar. Geehrt werden Menschen und Betriebe, die sich besonders partnerschaftlich und zuverlässig gegenüber dem Handel verhalten haben und für das Caravaning herausragende Leistungen erbracht haben. Der Preis wird in 3 Kategorien verliehen. 2008 bekam Dethleffs ihn in der Kategorie ‚Hersteller‘ für seine innovativen Fahrzeugstudien.

In der Kategorie ‚Zulieferer‘ wurde AL-KO 2010 für seine innovative Entwicklungsarbeit ausgezeichnet, die ich ja bereits an anderer Stelle aus der ganz persönlichen Sicht einer Fachhändlerin bereits gelobt habe.

Und in der Kategorie ‚Dienstleistung‘ wurde im selben Jahr die Fahrzeugakademie in Schweinsfurt für das Aufgreifen und Umsetzen der DCHV-Idee des Caravan-Technikers ausgezeichnet. Seit 1997 hat der Handel nämlich die Möglichkeit, seine Werkstattmitarbeiter in 7-wöchigen Kursen (die auch in Modulen berufsbegleitend über 2 oder mehr Jahre besucht werden können) in der Fahrzeugakademie Schweinsfurt zur Fachkraft für Caravan-Technik ausbilden zu lassen. Im HYMER-Zentrum B1 haben alle Werkstattmonteure sich dort weiterbilden lassen, ein nicht unerheblicher Kostenfaktor für einen Betrieb, aber eine große Motivation für die Mitarbeiter.

Ein weiterer wichtiger Preis in unserer Branche wird von der Vereinigung der Caravaning- und Touristik-Journalisten (CTJ) verliehen, und heißt ‚CTJ-Meilenstein‘. In 2010 ging der Preis, der seit 1984 für Verdienste um die Förderung und Weiterentwicklung des Caravaning, Camping und Tourismus in Deutschland vergeben wird, an den Hersteller von Basisfahrzeugen, nämlich an Fiat für den Ducato. Erinnern Sie sich, wie ich schrieb, dass die ersten LKWs, die mit Ducato Basisfahrzeugen 1982 bei Dethleffs einfuhren, uns Händlern alle einen Schauer der Ehrfurcht über den Rücken gejagt hätten? Wir waren offensichtlich alle empfindsam und klug genug zu spüren, dass das der Augenblick war, in dem die Geschichte des Reisemobils eine neue Wendung nehmen sollte. Dethleffs modifizierte damals die ersten 40 Fiat Ducato zu Reisemobilen, und seither wurden 350.000 Wohnmobile auf dieser Basis gebaut. Mein guter Freund Peter Linder nahm im Februar 2010 den Preis entgegen.

Für meine aktive Zeit im Verband erhielt ich übrigens eine schöne Urkunde, die bis heute hinter meinem Schreibtisch hängt, und ich versuche die Arbeit des Verbandes noch immer zu unterstützen, auch indem ich hier ein wenig für sie werbe. Sie haben es verdient.

Eine Geburtstagsfeier ohne meine 3 Kinder Thomas, Vera und Kai? Undenkbar.
(Foto Dhonau)

DCHV

DANKURKUNDE

Der

Deutsche Caravan Handels-Verband DCHV e.V.

dankt dem ehemaligen Präsidiumsmitglied

Maria Dhonau

des DCHV anläßlich des 25 jährigen Bestehens

für den geleisteten Einsatz, für die Verdienste

um den deutschen Caravan-Fachhandel

sowie für die aktive Mitarbeit im Präsidium in den Jahren

von 1979 bis 1988

Stuttgart, den 08. März 1999

Deutscher Caravan
Handels – Verband e.V.

*Dankurkunde vom DCHV für 9 Jahre ehrenamtliche Tätigkeit als
Präsidiumsmitglied. (Foto Dhonau)*

Ich war inzwischen 50 geworden. Mein Sohn Kai wurde in diesem Jahr volljährig. Vera war 22, hatte bei mir eine Lehre zur Bürokauffrau abgeschlossen und studierte nun Psychologie in Düsseldorf, Thomas studierte in Bochum und war sogar schon 25. Was war ich stolz auf meine Kinder! Sie gingen alle so gradlinig ihren Weg und gaben mir privat die Kraft, die ich benötigte, um meinen Alltag durchzustehen. Es schien mir oft, als hätte ich das Glück, das ich spürte, wenn ich sie alle um mich hatte, gar nicht verdient. So dramatisch, wie sich die Geschichte meiner kleinen Familie in ihren ersten Jahren entwickelt hatte, so friedlich und harmonisch war sie zusammengewachsen, getragen von gegenseitigem Respekt, Selbständigkeit, Harmonie und einem hohen Maß an Verantwortungsgefühl für den anderen.

Leben hieß Bewegung. Manche Dinge bewegten sich der Natur gemäß ihrem Ende zu, während andere begannen. Als 1989 Gorbatschow und die Perestroika in jedermanns Mund waren und schließlich die Mauer fiel, hatten wir wenige Wochen zuvor Oma Änne begraben. Am 10. November flog ich mit meinem Schwiegervater in die USA, weil es dort eine Hochzeit bei den Verwandten zu feiern gab.

Als wir auf das neue Jahrzehnt anstießen, ahnten wir noch nicht, dass er in wenigen Jahren akut an Alzheimer erkranken würde. Seitdem er 1987 mit einer Bauchspeicheldrüsenerkrankung im Alter von 78 zum ersten Mal im Leben ins Krankenhaus gekommen war, hatte er eine starke Anhänglichkeit zu mir entwickelt. Er hatte eine ungewöhnlich große Angst vor dem Krankenhaus. Ich war zum Zeitpunkt der Einlieferung bei Mutter Hader und feierte mit ihr ihren Geburtstag, als mich der Anruf erreichte, er läge im Koma und wir müssten mit allem rechnen. Ich setzte mich sofort ins Auto und fuhr noch am selben Tag die 550 km zurück nach Hause. Erst wollten sie mich als ehemalige Schwiegertochter nicht zu ihm lassen, aber ich blieb hartnäckig, bis man schließlich nachgab. Man hatte ihn an Händen und Füßen ans Bett gefesselt, und er fantasierte. Ich erinnere mich noch, wie ich heftig weinen musste, als ich ihn so in seinem Elend und seiner Panik dort liegen sah. Wieder daheim, wusste ich, dass ich wenigstens versuchen müsste, ihm das Einbettzimmer zu verschaffen, das ihm als Privatpatient zustand. Mit nach Hause nehmen konnte ich ihn beim besten Willen nicht. Man schickte mich von Pontius nach Pilatus und zurück, bis ich schließlich einen Chefarzt fand, der mir versprach, ihn auf ein Einzelzimmer zu verlegen, wo wir Tag und Nacht bei ihm bleiben könnten. Ich war sicher, dass der alte Mann nur eine Krankenhauspsychose durchlebte, nichts anderes, und dass es ihm gut gehen würde, sobald er wieder draußen wäre, aber sie blieben hartnäckig. Ich fuhr dann heim, holte Vera und fuhr zurück ins Krankenhaus. Dort hatte man ihn inzwischen auf eine andere Intensivstation verlegt statt auf das zugesagte Einzelzimmer, und meine Odyssee begann von vorne. Endlich, um 13 Uhr, hatte ich das Zimmer, das ich für ihn wollte. Ich ließ Vera beim Opa und ging in den Betrieb. Vera streichelte seine Hand und seinen Arm und redete auf ihn ein, damit er begriff, dass er nicht alleine war, bis ich sie abends ablöste. Er war inzwischen viel ruhiger geworden, und wir nahmen ihm die Fußfesseln ab. Nachts band ich dann seine Hände los, und er schlief friedlich bis zum nächsten Morgen. Die Nachtschwester versorgte mich mit Kaffee und Wasser.

Ich blieb die ganze Nacht wach, streichelte ihn und murmelte beruhigende Worte, bis er schließlich morgens um halb neun die Augen aufschlug und sagte, wir müssten zurück ins Krankenhaus. Ich erklärte ihm, dort sei er schon. Vera löste mich dann wieder ab und ich ging ins Geschäft. Als Vera mittags kam, konnte sie berichten, dass er inzwischen wieder völlig klar sei. Er erzählte uns später, dass er sich nur an grauenhafte Albträume erinnern könne, bei denen er in einem kalten Keller eingesperrt worden sei, wo ihn Menschen in grünen Kitteln und Masken mit langen Nadeln bedroht hätten und Geld von ihm verlangten. Mein Schwiegervater verbrachte den Heiligabend 1987 im Krankenhaus. Wir brachten ihm einen winzigen, geschmückten Baum und saßen um sein Bett.

Von dem Tag an wuchs seine Abhängigkeit von mir. Wenn ich nicht da war, setzte er keinen Fuß mehr vors Haus, und fortan weigerte er sich auch, Auto zu fahren.

An all das erinnerte ich mich, als meine Gedanken in der Silvesternacht kreisten und wir uns alle gemeinsam freuten, dass Deutschland nicht mehr in zwei so gegensätzliche Systeme geteilt war. Für so viele Menschen würde das nächste Jahrzehnt Neues und Gutes bereithalten, so viele andere würden leiden, jemanden verlieren, ihre Träume begraben müssen.

Als mein Schwiegervater aufgrund seiner schweren Alzheimer-Erkrankung 1995 wirklich nicht mehr alleine leben konnte, sorgte ich dafür, dass er in einem guten Wohnstift unterkam, wo er bis zu seinem Tod lebte. Wo wären meine Kinder und ich schließlich ohne die Liebe und Hilfe dieses wunderbaren Menschen in unseren schwersten Jahren geblieben? Das Leben besteht nun einmal nicht nur aus Nehmen. Wenn Nehmen und Geben nicht im Gleichgewicht sind, dann kann Glück nicht Fuß fassen. Nicht in einer Familie, nicht in einer Firma, nicht in einem Land. Mein Schwiegervater, der am Ende nur noch mich erkannte und nur noch auf meinen Namen reagierte, starb am 20. Februar 1997 in meinen Armen.

In der Silvesternacht 1989 konnte ich das noch nicht wissen. Aber ich wusste genau, dass mir in den letzten Jahren nicht nur von ihm viel gegeben worden war: Hilfe, Kraft, Liebe. Und zum ersten Mal seit langer Zeit hatte ich das Gefühl, ich könne vielleicht endlich auch einmal etwas davon zurückgeben. Wie, das würde mir schon noch früh genug gezeigt werden.

Verkaufe nicht nur Träume, lebe sie selbst.
(Maria Dhonau)
1990–1994

Seit 1986 hatte ich ja bereits Reisemobilvermietungen angeboten, an die Israelis, später an Kunden aus Deutschland. Gebrauchtfahrzeuge, die sich eigneten, wurden hergerichtet. Dezente Hinweisschildchen in den Fahrzeugen sollten die abenteuerlustigen Kunden daran erinnern, gewisse Sicherheits- und Sauberkeitsgrundsätze nicht zu vergessen. Das Geschäft florierte, aber was da manchmal zurückgegeben wurde, war doch grenzwertig. So sehr ich den Kunden ihren Urlaub gönnte, so wenig wollte ich nachher beim Reinigen die Etappen ihrer Reise nachvollziehen können. Strandsand und Fettflecken waren eine Sache, Hundehaare und nur nachlässig beseitigte Spuren von Reisekrankheit eine andere. Und ganz sicher wollten weder ich noch meine Mitarbeiter einen halben Tag lang die Sanitärbereiche schrubben, ganz zu schweigen von der Überwindung, die es kostete, die bis an den Rand gefüllten Toiletten zu entsorgen, in die mancher Reiseanfänger gerne auch einmal vergaß, die nötige Chemikalie einzufüllen.

Anstatt also die dezenten Hinweisschildchen auf Plakatformate zu vergrößern, entschied ich mich, mit Speck Mäuse zu fangen und bot für gereinigte Mobile Gutscheine an, die bei der nächsten Reise angerechnet werden konnten. Danach wurden wir so gut wie nie mehr mit den ‚Souvenirs‘ der Kunden-Fahrten konfrontiert.

Mein Handel lief gut. Allerdings trennten sich meine Wege und die von Weinsberg 1991, nachdem der Sohn von Horst Thrun auf der B1 die WVG, einen großen Handelsbetrieb, übernahm. Da ich Cristall Mobile inzwischen auch nicht mehr verkaufte, bot ich nun ausschließlich Karmann Mobile und Caravans an. Zwar widersprach dies meiner erworbenen Skepsis gegenüber

Unsere alte Werkstatt – Da wurde es wirklich dringend notwendig, etwas Neues zu schaffen. (Foto Dhonau)

der Abhängigkeit von nur einem Partner, aber ich war inzwischen aus persönlicher Überzeugung ein Karmann Fan geworden und konnte unglaublich gute Erlöse erzielen. Die Karmann Mobile waren fast alle auf VW Basis aufgebaut, und der Vertrieb lief in der Regel ausschließlich über den VW-Handel. Hermann Kocks Instinkt, es sei gewinnbringend für beide Seiten, mich an der B1 die erste reine Karmann-Vertretung aufbauen zu lassen, er-

Ja, ein strahlendes Gesicht von mir mit dem Halstuch von Karmann, das ich stolz getragen habe. (Foto Dhonau)

wies sich als richtig. Er war einfach immer schon ein Visionär, wie es sie leider heute nur noch viel zu selten gibt.

Nachdem die Entscheidung zu meinen Gunsten gefallen war, beschloss ich, in den Platz zu investieren. Die alte Werkstatt wurde abgerissen und eine neue aufgebaut. Dort hatte ich

Endlich ist die neue wunderschöne Werkstatt fertig. Ein Schmuckstück, auch heute noch unter der Leitung von Klaus Zivkovic. (Foto Dhonau)

*Hier weihen wir gerade das neue Bürohaus auf der Kölner Str. 59 ein.
Opa Dhonau ist natürlich mit dabei. (Foto Dhonau)*

*Durch die Unterstützung von Hermann Kock wurde die Kölner Str. 59 zum
bedeutenden Stützpunkt für Karmann. (Foto Dhonau)*

endlich eine Grube, aus der man die Mobile und Caravans von unten inspizieren konnte.

Danach ließ ich das alte Büro, das in einem Mobilheim untergebracht war, abreißen und ein helles, größeres und freundlicheres Fertigbaubüro aufstellen. Hermann Kock sorgte dafür, dass mein Platz mit vernünftigen Karmann Werbeschildern und -fahnen ausgestattet wurde.

Die Zusammenarbeit beflügelte mich. Und meine Kunden scheinbar auch. Nach wie vor gab es ja die Mariatage, und 1992 kam ein Kunde, Herr Menn, auf mich zu und fragte: „Können wir denn nicht mal zusammen verreisen?" Ich fand die Idee prima und sagte: „Na klar können wir das machen! Da müssen Sie mir nur helfen, mal für 2 Tage ein schönes Programm auf die Beine zu stellen!" Und das tat er dann auch. Ich besorgte eine Skiffleband, bereitete zuhause alles für's leibliche Wohl vor und los ging's, von Xanten nach Donsbrüggen. Wir waren

Die wunderschöne Straßenansicht des Karmann-Platzes. Hier pflanze ich gerade Blumen. (Foto Dhonau)

Die erste Kundenreise 1992 mit 37 Mobilen „Via Romana von Xanten nach Donsbrüggen", hier an der alten Mühle in Donsbrüggen. (Foto Dhonau)

bei dieser Reise mit 37 Mobilen unterwegs! Wir übernachteten an einer alten Mühle auf einer Wiese und stellten die Wagen zur ‚Wagenburg' zusammen. Ich baute einen großen Schwenkgrill, den ich zu einem runden Geburtstag bekommen hatte, auf und band Herrn Menn die Schürze um. Es wurde gesungen und getanzt. Herr Menn gab die Schürze im Laufe des Abends an den nächsten weiter, der dann den Grill übernahm. Zum Fleisch gab es Brot, das man vor unseren Augen in der alten Mühle gebacken hatte, nachdem wir zuschauen durften, wie das Mehl gemahlen wurde.

Der Erfolg war so überwältigend, dass ich im nächsten Jahr nicht lange überlegen musste, bis ich bereit war, die nächste Reise zu planen.

1993 führte sie uns von Schloss zu Schloss durchs Münsterland. Wir waren unterwegs mit 84, in Worten: vierundachtzig (!) Karmann Reisemobilen, und zwar 3 Tage lang. Den Abschluss

1993 – 2. Kundenreise „Schlösserreise durchs Münsterland" mit 84 Karmann-Mobilen. Hier bei Kocks Mühle unsere große Abschlussfeier. (Foto Dhonau)

dieser Fahrt feierten wir auf dem Gelände der alten Mühle, die mein guter alter Freund Hermann Kock in Ostbevern bewohnte, worüber ich ja schon an anderer Stelle bereits kurz berichtet habe. Zum Übernachten hatte er für uns den Sportplatz in Ostbevern organisiert. Wir waren 170 Personen, und alle sollten abends gut und reichlich zu essen bekommen beim gemeinsamen Grillabend. Noch heute stöhnt mein Sohn Kai: „Wenn ich an all die Schnitzel

Hier wird tüchtig „Karaoke" gesungen. Wir sind in Kocks Mühle. (Foto Dhonau)

174

denke, spüre ich heute noch die Schmerzen in der Hand vom Fleischschneiden!" Vera und ihr Bruder hatten das Fleisch in Mülheim geschnitten und in großen Plastikwannen eingelegt. Dann brachten sie die Schnitzel und eine riesige Menge Würstchen mit einem Reisemobil nach Ostbevern. Sie hatten natürlich auch viele Bierfässer und andere Getränke dabei. Und eine Karaoke-Anlage, für die sie fast bis nach Hannover gefahren waren. Der Abend war ein unglaublicher Erfolg. Was haben wir gelacht bei den Karaoke-Darbietungen!

Ich bot danach jährlich zu Fronleichnam Reisen für Wohnmobile und zu Himmelfahrt Reisen für Caravans an. Bei allen Reisen trafen sich die Teilnehmer auf einem angegebenen Campingplatz in der Region oder dem Land, das unser Ziel war. Die Anfahrt konnten alle planen und durchführen, wie sie wollten. Allerdings gab es bei den großen Auslandsreisen

Eine Caravanreise zum Ferienpark Buschhof in Meierberg bei Rinteln.

einen Informationsabend vorab, bei dem sich Reisende für die Anfahrt zusammenschließen konnten. Da alle Mitreisenden Kunden des HYMER-Zentrums B1 waren, kannten sie sich zum Teil untereinander schon, und es war nie schwer, Gruppen zusammenzustellen, die gut zueinander passten: Da gab es die, die gerne immer mittags etwas essen wollten, dann die, die vor allem viel Kulturelles erleben wollten. Und dann gab es die eingefleischten Einzelreisenden und die ‚Langsamfahrer‘, die ich dann gerne in ‚meine‘ Gruppe nahm. Vielfach trafen die Reiseteilnehmer bis zu 2 Tage vorher am Treffpunkt ein und hatten ausreichend Zeit, sich dort zu beschnuppern, ehe es los ging.

Anfangs lagen die Ziele allerdings in Deutschland. Wir waren dabei unterwegs auf die Via Romana (1992), auf der Schlösserreise durchs Münsterland (1993), als Höhlenforscher im Sauerland (1996), auf den Spuren der Germanenburgen und Steinzeitgräber (1999 im Weserbergland) und im ‚Schwabenländle‘ (2000). Zu den anderen Reisen komme ich später.

Als Namen hatte ich mir „Dhonautreffen“ ausgesucht, aber die Reisegruppen der ‚alten Hasen‘ sprachen nur von der „Fronleichnamsreise“ oder der „Himmelfahrtsreise“, auch wenn sie

Kundenreise ins Schwabenländle, hier auf dem Campingplatz
„Gitzenweiler Hof in Lindau“. (Foto Dhonau)

aus irgendwelchen Gründen an anderen Terminen stattfinden musste. Da waren sie genau so kreativ wie seinerzeit bei den Mariatagen.

Am Ausgangspunkt der Reise angekommen, richteten sich die Caravanfahrer am Zielort gemütlich auf dem Platz ein. Mit den PKWs unternahmen wir dann während unseres gemeinsamen Aufenthaltes Ausflüge in die nähere und weitere Umgebung, aßen gemütlich zusammen und genossen die gute Stimmung. Um die Kosten überschaubar zu halten, sorgte ich bei den Deutschlandzielen meistens dafür, dass wir an einem Abend schön miteinander grillen konnten, natürlich mit kaltem Bier, wie es sich gehörte.

Mit den Reisemobilgruppen waren wir dagegen unentwegt mobil. Wir fuhren von einem Etappenziel zum nächsten, und bei großen Gruppen musste ich sehr genau aufpassen, dass wir unterwegs niemanden verloren. Ampelphasen, Gegenverkehr wenn man abbiegen musste – es gab viele Gründe, warum ein Convoi auf seiner Reise auseinandergerissen werden konnte. Außerdem musste ich genau planen, wo wir denn mit so vielen Wagen nachts stehen konnten, ohne zu einem öffentlichen Ärgernis zu werden.

Die Tourismusindustrie hat sich inzwischen europaweit eingestellt auf Wohnmobilreisende. Es gibt überall Standplätze mit Entsorgungsstationen, und viele davon sind sehr zentral und in der unmittelbaren Nähe zu Sehenswürdigkeiten zu finden.

Anfang der Neunziger war die Situation noch nicht ganz so komfortabel. Die Campingplätze stellten sich auf die Reisemobilfahrer, die oft gar keinen Wert legten auf den Service eines Campingplatzes, mit Stellplätzen vor den Schranken ein. Ehe die Gemeinden flächendeckend reagierten, sollten noch Jahre vergehen, weil sich die Wirtschaftlichkeitsberechnung nicht immer so einfach darstellte, wie erhofft. Also stellten sich die Wohnmobilfahrer anfangs dort ab, wo es möglich war. Das konnten LKW Parkplätze sein, Marktplätze, Parkplätze vor Einkaufszentren oder Kirchen.

In manchen Regionen gab es weit und breit keine Möglichkeit, Abfall und Abwasser zu entsorgen, weshalb manche in der freien Natur illegal entsorgten, was häufig zu Ärger führte.

Die ersten, die Initiativen ergriffen, waren in der Regel die Campingplatzbesitzer. Manch einer pachtete Land hinzu und errichtete dort Wohnmobilhäfen. Die Städte und Gemeinden zogen kurz darauf nach. Sie schienen begriffen zu haben, dass jemand, der sich für 100.000 DM damals und Euro heute ein Reisemobil kaufen kann, auch gerne bereit ist Geld auszugeben, wenn man ihm nur Anreize bietet, etwa durch Sehenswürdigkeiten, gute Gastronomie oder Einkaufsmöglichkeiten. Sie erklärten im ersten Schritt kurzerhand bestimmte Parkplätze zu Wohnmobilparkplätzen, auf denen Campingplatzleben allerdings nicht erlaubt war. Dadurch genügten bei den Baugenehmigungen Anträge für die Errichtung von Parkplätzen und nicht die viel aufwändigeren Verfahren zur Genehmigung von Campingplätzen. Später kamen mehr und mehr Stellplätze in den Innenstädten dazu.

Im Laufe der Zeit sprach sich unter den Reisemobilfahrern herum, welche Plätze gut waren und welche Städte und Gemeinden lohnenswerte Sehenswürdigkeiten hatten. Als Tagestouristen waren die Umsätze, die sie generierten, willkommen. Das Übernachten in den Wohnmobilen wurde auf öffentlichen Plätzen verboten, Hinweisschilder wiesen auf die geeigneten Stellplätze hin. Inzwischen ist es so, dass ein Hinweisschild bereits ein Zeichen sein kann, dass es in der Nähe etwas Lohnendes zu entdecken gibt, weshalb sicher die ein oder andere Gemeinde Besuch von Touristen bekommt, die sich ohne solche Hinweise nie spontan zu einem Zwischenstopp oder einer Übernachtung entschieden hätten.

Wann immer es möglich war, steuerten wir bei unseren Reisen

entsprechend ausgestattete Campingplätze an.

Es sollte aber noch eine Weile dauern, ehe ich in der Einladung nicht mehr davon sprach, dass wir abends unsere ‚Wagenburg' errichten würden.

An dieser Stelle greife ich ein wenig vor. 2009 nahm ich von Renate und Emil Wildermuth aus Marbach am Neckar ein Karmann Mobil in Zahlung, das ich ihnen vor sehr vielen Jahren verkauft hatte. Karmann Mobile vor dem Baujahr 1988 hatten innen Möbel aus Teakholz, und die Polster waren aus einem sandfarbenen Plüschstoff mit Borde an den Kanten. Die Wildermuths gehörten zu den letzten Kunden, denen ich eines dieser Karmann Mobile damals verkauft hatte, und sie nahmen damit an 15 Reisen von mir teil. Inzwischen fahren sie einen HYMER B 504 SL und begleiteten mich damit 2009 auf der Abruzzenreise und 2010 durch die Kulturhauptstadt Ruhr. Jedes Mal, wenn ich einen Blick in den Karmann warf, überkam mich Nostalgie, und nicht nur mich.

Ehepaar Renate und Emil Wildermuth –
aus Kunden wurden echte Freunde.

179

Wenn die Reise vorbei ist, leg dich hin und schlaf.

(Maria Dhonau)
1994

Die Reisen waren der eine Teil meines Lebens, ein anderer waren nach wie vor die Messen. Auf der CMT im Januar 1994 bekam ich auf meinem Handy im Hotel einen Anruf, und der dritte Teil meines Lebens, meine Familie nämlich, drängte alles andere für eine Weile in den Hintergrund, zumindest in meinem Herzen, auch wenn ich versuchte, es mir ‚draußen' nicht anmerken zu lassen.

Meine Schwägerin Helga war am Telefon und weinte fürchterlich. Mein Bruder Toni war ins Krankenhaus gekommen, und die Diagnose lautete Lymphdrüsenkrebs. Ich war ebenso geschockt wie sie. Niemand hatte etwas gemerkt, auch mein Bruder nicht.

Ich versprach, direkt nach der Messe nach Celle ins Krankenhaus zu kommen.

An den letzten drei Messetagen fiel es mir schwer, mich zu konzentrieren. Ich hatte mir früher, als die Kinder klein waren, angewöhnt, meine beruflichen und privaten Dinge strikt zu trennen. Wenn ich abends mein Büro verließ, sagte ich laut und deutlich beim Abschließen: „So. Ihr Probleme bleibt alle schön da drin. Heute Nacht löse ich euch sowieso nicht mehr. Jetzt bin ich Mutti." Dann fuhr ich heim und hatte den Kopf frei für die Kleinen.

Mit dieser Strategie versuchte ich es natürlich auch auf der Messe, aber es gelang mir nur ansatzweise, die Sorgen um meinen Bruder zu vertreiben. Er lag am anderen Ende der Republik in einem Krankenhaus und sah sich mit Krebs konfrontiert, und meine Sorgen weigerten sich abends hartnäckig, sich in einem Caravan oder Mobil einschließen zu lassen. Stattdessen schlüpften sie über Umwege immer wieder in meinen Kopf und machten mich allmählich mürbe, denn ich hatte das Gefühl, kostbare Zeit zu verlieren. Meine Zeit und vor allem die Lebenszeit meines Bruders.

Als ich am Sonntagabend um 22 Uhr in Celle ankam, wurde ich erwartet. Mein Bruder brach in Tränen aus, als er mich sah, und ich schloss mich ihm übergangslos an. Dann sah er mich irgendwann an und sagte mit zitterndem Kinn aber fester Stimme: „Ich will noch leben!" Und ich nahm ihn zum hundertsten Mal in den Arm und sagte: „Du schaffst das. Du lebst weiter!" Wir redeten bis spät in die Nacht, und ich sagte beiden meine Hilfe zu. Auf der Fahrt heim schossen mir die Gedanken nur so durch den Kopf. Der Vater war früh gestorben, die Mutter wurde nur 36. Jetzt sollte mein Bruder bereits mit 54 schon sterben? Ich wollte und konnte es nicht begreifen, und in dieser Nacht auf dieser Fahrt verzweifelte ich fast an meinem Glauben, am Schicksal und am Leben. Die Fahrt dauerte aber lange genug, und so kam ich irgendwann in Mülheim an und hatte nicht nur mich gefangen, sondern auch meinen Glauben wieder gefunden. Es musste einfach einen Sinn hinter alldem geben, einen Grund, warum es sich zu kämpfen lohnte, ein Ziel, für das es zu leben galt.

Mein Bruder kämpfte gegen seine Krankheit und wurde Anfang März mit einer guten Prognose entlassen. Ich atmete auf.

Bis das Telefon Ende März schellte.

Mein Bruder weinte. Mir blieb fast das Herz stehen.

Er konnte kaum sprechen, aber ich erfuhr, dass nun meine Schwägerin im Krankenhaus sei. Diagnose Krebs. Sie habe Metastasen, die gestreut hätten, und man könne den Primärtumor nicht finden.

Die Monate, in denen sie um ihr Leben kämpfte, waren für uns alle schrecklich. Ich hatte eine Frühjahrsmesse und dann auch noch zwei Reisen, die ich nicht absagen konnte. Die Fahrt mit den Caravanern führte uns über Himmelfahrt Anfang Mai nach Bad Rothenfelde. Über Fronleichnam Anfang Juni fuhr ich zum ersten Mal mit einer Reisemobilgruppe und zwar durch die Parklandschaft Ruhrgebiet.

Wann immer es mir möglich war, meldete ich mich bei meinem Bruder oder fuhr nach Hambühren. Anders als Toni, erholte sich Helga aber nicht nach den Chemotherapien und starb schließlich am 12. August 1994.

Es dauerte keine 14 Tage, da war Toni auch wieder im Krankenhaus. Sein Immunsystem hatte den Kampf angesichts der emotionalen Belastungen einfach nicht schaffen können.

Ich beschloss, mich um ihn zu kümmern, denn die Kinder hatten sich bereit erklärt, sich im Geschäft abzuwechseln und mir den Rücken frei zu halten, wann immer sie konnten. Und so konnte ich mir immer wieder einen Tag frei nehmen und nach Celle fahren.

Im September feierte ein Bruder meines Vaters mit der Familie

Mein Bruder Toni auf unserer Reisemobiltour in unserer Heimat Niederschlesien 1994. Seine letzte Reise. (Foto Dhonau)

in Schlesien Eiserne Hochzeit. Ich packte meinen geschwächten Bruder ins Reisemobil und wir fuhren nach Dresden. Unterwegs erzählte er mir, dass er so gerne einmal mit seiner Frau die Semperoper besucht hätte. Ich rief übers Handy meine Freundin Ursula an, deren Mann in Dresden arbeitete und gute Verbindungen hatte. Tatsächlich gelang es ihm, uns für denselben Abend zwei Karten für die Oper zu besorgen und ich konnte meinem Bruder seinen Herzenswunsch erfüllen. Nachts fuhren wir dann weiter nach Meißen und übernachteten an der Elbe. Ich holte 2 Stühle aus dem Stauraum und wir genossen den lauen Sommerabend am Fluss mit Blick auf die angestrahlte Burg Meißen. Wir haben stundenlang geredet.

Nachts bekam mein Bruder plötzlich Schweißausbrüche und hatte große Schmerzen, so dass wir am nächsten Tag nach Meißen ins Krankenhaus gingen. Nach der Behandlung gaben uns die Ärzte grünes Licht für die Weiterfahrt nach Schlesien. Wir fuhren über Cottbus und Schweidnitz, heute Swidnicza und durften in der alten Gärtnerei Bock mit dem Karmann Reisemobil im Hof stehen und übernachten. Nachts musste mein Bruder dreimal den Schlafanzug wechseln, weil er immer wieder gewaltige Schweißausbrüche hatte. Die Polen haben sich ganz lieb um uns gekümmert und am nächsten Morgen zum Frühstück eine Tüte mit Brötchen an unseren Spiegel gehängt. Nach dem Frühstück flüsterte Toni, der sehr schwach war: „Lass uns nach Hause fahren. Mir geht es nicht gut." Und so fuhr ich ohne eine einzige Pause mit ihm zurück nach Hambühren bei Celle, wo wir in den frühen Morgenstunden ankamen. Mein Bruder hatte während der gesamten Fahrt gelegen, und ich war froh, als ich ihn heile zuhause hatte. Als wir vor dem Haus anhielten, das er sich als Altersruhesitz gebaut hatte und in das er mit seiner Frau erst 5 Monate vor der Erkrankung eingezogen war, lief mir ein Schauer über den Rücken. Wie viel Zeit, Kraft und Mühe waren in dieses Haus geflossen, immer mit dem Blick auf ‚später'? Und nun war das ‚Später' für seine Frau bereits verloren und ihm glitt es unaufhaltsam durch die schwachen Finger und ließ sich ebenso wenig festhalten wie Nebel.

Ich fuhr ihn nach einer sehr kurzen Restnacht – ich musste unbedingt ein paar Stunden schlafen – dann sofort ins Krankenhaus und selbst anschließend zurück nach Mülheim. Meine Kinder waren überrascht, dass ich schon zurück war. Ich rief einen Anwalt und Notar an, den Toni kannte und sorgte dafür, dass er zu ihm ins Krankenhaus fuhr, denn es galt, ein Testament zu machen. Immerhin gab es ja noch die beiden Kinder, für die er zu sorgen hatte.

Als ich ihn nach drei Wochen das nächste Mal in Celle besuchen konnte, rieten mir die Ärzte, ihn zum Sterben mit nach Hause zu nehmen. Man könne nichts mehr für ihn tun. Man habe ihm das in dieser Deutlichkeit aber bisher nicht gesagt und riet mir auch davon ab, ihm die letzte Hoffnung zu nehmen. Ich

Mein Bruder Toni und ich in Amsterdam im Klinikum. Hier suchten wir den „Strohhalm" zur Heilung seines Krebses. (Foto Dhonau)

wollte es nicht glauben. Gab es denn niemanden mehr, der ihm helfen konnte? Ich bat darum, den Oberarzt sprechen zu dürfen, der ihn immer behandelt hatte, und nach intensivem Fragen riet er mir, mit meinem Bruder nach Amsterdam zu fliegen, dort gäbe es Spezialisten für diese Krebserkrankung. Mehr wollte ich nicht hören. Er gab mir eine Bescheinigung, dass mein Bruder, der inzwischen im Rollstuhl saß, flugtauglich sei, und wir flogen am 27. Oktober 1994 nach Amsterdam. Dort fragte mich ein Arzt, woher wir kämen. Als er meine Antwort hörte, schüttelte er den Kopf. Der beste Spezialist der Welt, Prof. Dr. Schmoll, säße doch in der MHH Hannover, warum wir denn nicht dorthin gefahren wären?

Wir flogen zurück nach Celle, wo ich den Oberarzt bedrängte. Er müsse mir einen Termin bei Prof. Schmoll verschaffen! Das sei nahezu unmöglich, erfuhr ich. Prof. Schmoll sei in der ganzen Welt unterwegs. Selbst Araber kämen mit ganzen Koffern voller Geld und wollten von ihm behandelt werden, und sogar denen sagte er ab. Ich ließ nicht locker, bis mir der Oberarzt versprach, in Hannover anzurufen und zu fragen, wann Prof. Schmoll dort sei. Am Abend des 2. November bekam ich den ersehnten Anruf. Er riet mir, mich direkt in der Notaufnahme des MHH zu melden. Pünktlich um sieben Uhr stand ich mit meinem Bruder am nächsten Morgen dort. Man versuchte natürlich, uns abzuwimmeln, aber ich blieb hartnäckig. Mein Bruder war Gott sei Dank privat versichert, und wir warteten bis halb eins mittags, damit Prof. Schmoll wenigstens einen Blick auf ihn werfen könne. Das tat er auch und sagte, wir sollten zurückfahren nach Celle. Mein „Nein! Wir bleiben hier!“, das ich wütend aber mit tränenerstickter Stimme ausstieß, ließ ihn aufhorchen. Er schickte meinen Bruder ins Nebenzimmer, und ich erzählte ihm, dass Celle ihn aufgegeben habe, Toni aber davon nichts wisse. Prof. Schmoll sah in die Akte und überlegte. Dann versprach er mir für Montagmorgen ein Bett.

Toni blieb bis zum 30. Mai 1995 in Hannover und wurde während der ganzen Zeit persönlich von Prof. Schmoll behandelt. Er kam zwar meistens erst nach 22 Uhr, um nach meinem Bruder zu sehen, aber er kam.

Ich fuhr in diesen Monaten zweimal in der Woche abends nach der Arbeit nach Celle. Ich verließ mein Geschäft um 18.30 Uhr und fuhr bei Wind und Wetter die 300 km nach Hannover. Dann saß ich bis kurz nach ein Uhr nachts bei meinem Bruder am Bett und wir redeten. Wir sprachen viel von früher, und was er mir über sein Leben mit seiner ‚Maudi‘ erzählte, von der tiefen Liebe und den Höhen und Tiefen, wäre genug Stoff, um ein eigenes Buch zu füllen.

Ich weiß nicht mehr wieso ich am Dienstag, den 30. Mai 1995 nicht abends, sondern schon morgens zum Krankenhaus nach Hannover fuhr. Eine Ärztin empfing mich bereits auf dem Flur und sagte mir, es ginge mit Toni zu ende. Der Krebs sei geheilt, aber es habe sich ein Pilz in seiner Lunge angesiedelt, den sein Körper selbst mit all ihrer Hilfe nicht mehr besiegen könne.

Ich wusste, dass es Tonis größter Wunsch war, in seinen eigenen vier Wänden zu sterben. Als ich in sein Zimmer kam und er mich sah, sagte ich ihm nur „Wir fahren nach Hause." Er verstand, fing an zu weinen und flüsterte nur „Danke!"

Ich besorgte nun all die Sachen, die ich brauchen würde, wie Krankenbett, Toilettenstuhl usw. und fuhr dann zurück ins Krankenhaus. Vera und Kai wollten sich um das Geschäft kümmern, solange ich in Hambühren bleiben würde.

Seine Unterlagen waren noch nicht fertig, aber das interessierte mich nicht mehr. Ich schob ihn einfach raus aus dem Krankenhaus und zum Auto. Auf der Heimfahrt hatten wir dieselben Gedanken. Wir wussten beide, dass er diese Strecke nie mehr fahren würde. Ich fragte ihn, was er gerne noch einmal sehen würde, und wir fuhren kreuz und quer durch die Gegend. Überall schien sich Toni zu verabschieden.

Nachmittags kamen dann seine Töchter Imke und Stefanie. Tonis Bett hatte ich am Fenster im Wohnzimmer aufgebaut, damit er in seinen über alles geliebten Garten schauen könne. Meines stand im Nebenzimmer, damit ich ihn nachts hörte.

Nach zwei Nächten bei Toni bin ich tagsüber schnell ins Geschäft gefahren, und Stefanie übernahm die Wache.

So ging es eine Woche. Am Morgen des 8. Juni bat mich Toni nach einer Nacht, in der wir beide wenig und schlecht geschlafen hatten, doch die Rollläden hochzuziehen, es sei so dunkel. Es war aber im Zimmer strahlend hell. Ich sagte es ihm und er bat mich, alle anzurufen, er wolle sich noch von jedem persönlich verabschieden. Um 18 Uhr bat er mich um ein letztes Bier, und um 19 Uhr fiel er ins Koma.

Der Arzt kam und gab ihm eine schmerzlindernde Spritze. Wir wachten alle zusammen bei ihm, die ganze Nacht, legten eine Beethoven CD ein, streichelten ihn, weinten und sprachen miteinander. Dann wurde morgens sein Atem immer langsamer und um 7.40 Uhr schlief er ganz ruhig ein. Auf seinem Gesicht lag ein Lächeln, als schiene er uns trösten zu wollen, dass es ihm nun endlich gut ginge.

Ich bin dann, nachdem alle Vorbereitungen getroffen worden waren, zurück nach Mülheim gefahren, aber immer nur 50 km am Stück. Dann konnte ich nicht mehr, musste anhalten und warten, bis es wieder ging.

Zuhause empfing mich meine Tochter Vera und nahm mich in den Arm. Sie schickte mich nach Hause und bat mich, endlich zu schlafen. Das tat ich dann auch und schlief durch bis Samstagmorgen. Dann ging ich ins Geschäft und fuhr am Sonntag noch einmal nach Hambühren, wo wir Toni dann am 12. Juni neben seiner Frau beerdigten.

Als ich am 14. Juni wieder versuchte, mich auf mein Geschäft zu konzentrieren, kam ein Ehepaar vorbei, um sich ein Reisemobil anzusehen. Ich zeigte ihnen den wunderschönen LMC

Liberty 660, und sie waren begeistert. Aber dann sagten sie, sie hätten erst in 2 Jahren Zeit und würden es dann erst kaufen. Tonis Tod hing mir noch so intensiv unter der Haut, dass ich etwas zu schroff sagte: „Wissen Sie denn, was in zwei Jahren ist?!", was sie sehr erschreckte. Sie gingen dann auch schnell. Ich rief sie aber an, erklärte was ich gerade erlebt hatte und entschuldigte mich. Wir hätten vor zwei Jahren einfach alle nicht einmal geahnt, dass wir nicht nur meine Schwägerin sondern auch meinen Bruder verlieren würden.

Zwei Tage später stand das Ehepaar im Geschäft und sagte: „Wir möchten das Mobil haben. Wir können es aber erst im August abholen." Und das taten sie auch. Die Frau sah mich an und sagte: „Frau Dhonau, ich musste so oft an das denken, was Sie gesagt haben." „Warum?", fragte ich. „Ich war beim Arzt", antwortete sie. „Ich habe Krebs im Frühstadium."

Mir lief ein eisiger Schauer über den Rücken. „Wir werden jetzt alle die Reisen machen, die wir erst in zwei Jahren machen wollten."

Schlüssel, die Türen schließen, öffnen sie auch.
(Maria Dhonau)
1995-1998

Im Januar 1995 auf der CMT in Stuttgart kam Erwin Hymer auf mich zu und sagte: „Ich will dich in Mülheim haben! In 14 Tagen komme ich vorbei, dann besprechen wir alles."

HYMER unterhielt in Mülheim an der B1 eine Werksvertretung, in der, wie man mir später sagte, 1994 genau 15 Reisemobile verkauft worden waren. Ich besprach mich nach der Messe mit meinen Kindern und beschloss, Erwin den Vorschlag zu machen, dort eine Werksniederlassung zu eröffnen. Ich war immerhin schon 57 Jahre alt und wollte mir nicht mehr so viel Verantwortung aufbürden. In einer Werksniederlassung wäre ich nicht selbständig, sondern angestellt. Damit sie sicher sein konnten, dass ich das Gehalt, das ich brauchte, auch wert sei, verpflichtete ich mich freiwillig, mindestens 100 Mobile im Jahr zu verkaufen. „Unmöglich!", erinnerte mich Herr Burkert bei den Vertrags-Verhandlungen an die Vorjahresverkaufszahlen. Ich antwortete: „Also, wenn ich 54 Karmann Mobile in einem Jahr verkaufen kann, dann werde ich ja wohl 100 HYMER-Mobile schaffen!"

Aber so weit waren wir ja noch nicht. Unsere kleine Frühstücksrunde mit den Kindern hatte sich den Namen „HYMER-Zentrum B1" einfallen lassen, und auch Erwin Hymer fand ihn gut. Er müsse mir nur freie Hand lassen, bat ich, dann würde ich schon etwas daraus machen.

Erwin Hymer kam wie versprochen 14 Tage später. Ihn begleiteten Herr Burkert vom Vorstand und Frau Ruppe, die Verkaufsleiterin. Erwin hörte sich meinen Vorschlag an, überlegte kurz und stimmte dann allen Punkten zu.

Herrn Burkert kam nun die Aufgabe zu, Lösungen zu finden. Eigentlich baute HYMER Werksniederlassungen ab und eröffnete zu der Zeit keine neuen. Der Schritt in die umgekehrte Richtung war also etwas aufwändiger, als ich es am Frühstückstisch gedacht hatte.

Mein Gelände an der Kölner Straße 59 musste von HYMER gepachtet werden, denn wir würden den Platz dringend benötigen, und ich wollte ja nicht einfach alles aufgeben, was ich aufgebaut hatte.

Dann ging plötzlich alles sehr schnell. Ich wurde nach Bad Waldsee/Sonthofen eingeladen und bereits Ende Mai den Mitarbeitern in Mülheim als zukünftige Leiterin der neuen Werksniederlassung vorgestellt. Es war die Zeit, in der ich zweimal in der Woche zu meinem Bruder nach Celle fuhr, eine Zeit des vollkommenen Aufbruchs beruflich und des endgültigen Abschieds in der Familie. Beide Entwicklungen zehrten an den Kräften und gaben doch auch viel zurück. Gerade die Nähe zu meinem Bruder und das Gefühl, kostbarste Zeit miteinander verbringen zu können, empfinde ich bis heute als Geschenk, egal wie erschöpft ich war, wenn ich in den frühen Morgenstunden wieder in Mülheim ankam und ins Bett fiel.

Nach Tonis Tod versuchte ich mich abzulenken und etwas Sinnvolles zu tun, ein Zeichen zu setzen für das Neue, das beginnen würde. Ich ließ also, bereits bevor ich offiziell das Zentrum eröffnete, den kompletten Platz pflastern und große Blumenkübel an der Straße aufstellen. Das Gelände hatte damals schon eine Größe von ca. 15.000 Quadratmetern, und ich fand es ungeheuer wichtig, dass die Kunden sich wohl fühlten und willkommen. Sie sollten bei Regen nicht durch matschige Pfützen schliddern müssen, sie sollten Lust haben, zu verweilen. Nur, wer sich Zeit nehmen will, kann beim Kauf eines Reisemobils oder Caravans in Ruhe die richtige Entscheidung treffen. Ganz offensichtlich lag ich mit meiner Einschätzung richtig. Noch vor kurzem erzählte mir ein guter alter Kunde, er habe mich damals beobachtet, wie ich völlig in Gedanken

*In der 5/1997 berichtete die Promobil unter der Überschrift „Dhonauwellen"
über die beeindruckende Entwicklung des Hymer-Zentrums B1. Hier mit
meinen Kindern Vera und Kai. Foto links: Mutter Hader und ich. Promobil*

191

versunken ruhig und liebevoll einen Kübel nach dem anderen eigenhändig bepflanzt hätte.

Ende Juni 1995 wurde ich auf der HYMER-Händlertagung in Sonthofen den anderen Händlern offiziell vorgestellt. Ich freute mich sehr auf die neue Aufgabe, und alle anderen freuten sich mit.

Ich hatte in all den Jahren einen Kundenstamm aufgebaut, der mir unglaublich die Treue hielt.

Als wir das HYMER-Zentrum am 12. September eröffneten, kam ein Kunde zu mir. Er war Professor und lebte in Essen. „Ich bin jetzt achtzig Jahre alt", sagte er. „Jetzt wo Sie HYMER haben, steige ich eben um und kaufe einen HYMER." Ich hatte mit ihm bis 2009 noch Kontakt, dann kam leider der Weihnachtsbrief zurück. Ich vermute, er ist inzwischen verstorben.

Das Wirtschaftsjahr bei HYMER geht vom 1.9. bis 31.8., ist also ein abweichendes Wirtschaftsjahr. Das hängt mit dem Saisonwechsel, den der Caravan Salon im Herbst einläutet, zusammen und mit den neuen Baureihen, die dann vorgestellt werden.

Ich hatte alle meine Kunden zur Eröffnung eingeladen, und sehr viele kamen. Ende September 1995 kamen die beiden HYMER Vorstände Herr Burkert und Herr Pacciaffo, sowie Erwin Hymer vorbei. Sie wollten wissen, was in Mülheim geschehen sei. Ich fragte: „Wieso? Was soll passiert sein?", und sie sagten, ich habe in nicht ganz einem Monat so viel verkauft, wie die Vertretung im gesamten Vorjahr, also 15 Reisemobile. Ich war natürlich mächtig stolz, dass meine Kunden mich so treu begleiteten und mir diese Umsätze ermöglichten!

Die Werkstatt auf dem neuen HYMER Gelände war alt und sehr niedrig, so dass ich die Reisemobile in meiner Werkstatt an der Kölner Straße 59 warten ließ, und nur die Caravans im neuen Zentrum in den alten Gemäuern.

Als ich im Juni 1996 Herrn Burkert anrief und meldete, ich

Eröffnung des HYMER-Zentrums B1 am 12. September 1995. (Foto Dhonau)

Ist es nicht wunderschön geworden, das Hymer-Zentrum B1?! (Foto Dhonau)

Das gesamte Hymer-Zentrum B1 von oben gesehen. (Foto Dhonau)

Eröffnungsfeier am 12. September 1995 auf dem Parkplatz vor dem Zubehörshop. (Foto Dhonau)

hätte soeben das 100. Reisemobil verkauft, dachte ich für einen Augenblick, die Leitung sei gestört, so lange schwieg er. Dann sagte er, er würde sich wieder bei mir melden. Wenige Tage später wurde mir mitgeteilt, HYMER habe beschlossen, die alte Werkstatt abzureißen und dort eine neue zu errichten, die ihresgleichen suchen würde. Dazu gäbe es ein neues Sozialgebäude und gleich auch eine öffentliche Entsorgungsstation.

Die Planung begann nahezu sofort, und 1998 eröffneten wir unter großem Medienecho und mit vielen geladenen Gästen die modernste Werkstatt weit und breit. Die Investitionskosten beliefen sich auf 3,5 Millionen DM.

Für die 40 HYMER Mitarbeiter, Voll- und Halbtagskräfte sowie Aushilfen, die ich zu meinen sieben auch übernahm, war die Umstellung auf die neue Chefin nicht so einfach, denn sie mussten plötzlich unglaublich viel arbeiten. Es war ja nicht so, dass sie faul gewesen wären, aber man hatte ihnen immer relativ freie Hand gelassen, und da konnte es auch einmal vorkommen, dass ein Werkstatt Mitarbeiter um 16.58 Uhr noch vor einem Kunden an einem Caravan etwas reparierte, und um 17 Uhr den Schraubendreher weglegte und nach Hause ging. Diesen Fall hat es wirklich gegeben. Als ich auf die völlig irritierten Kunden stieß, die seit geraumer Zeit nun einfach neben ihrem auseinander gebauten Caravan standen, erfuhr ich, der Mitarbeiter habe sich mit dem Satz „Ich habe jetzt Feierabend" von ihnen verabschiedet und sei gegangen. Sie hätten das für einen schlechten Scherz gehalten und deshalb gewartet, ob eine Ablösung käme, aber die kam nicht. Stattdessen kam ich und schrieb noch am selben Abend die erste Abmahnung meines Lebens.

Wir mussten als Team funktionieren, gerade in einem so großen Betrieb, und alle im Team mussten dasselbe Ziel vor Augen haben: die Kunden zufriedenstellen, deren Geld letztlich alle unsere Gehälter bezahlte. Zum Team gehörten Verkäufer, Shop-Mitarbeiter und die Werkstatt-Mitarbeiter.

Aus meiner Dethleffs-Zeit hatte sich eine schöne Sache entwickelt: Ich hatte es mir angewöhnt, mich bei den Mitarbeitern im Werk zu Weihnachten für die Mühe, die sie sich mit den Sonderwünschen meiner Kunden gaben, mit kleinen Geschenken zu bedanken. Irgendwann kam mir die Idee, ich könnte sie auch alle während des Caravan Salons zu mir nach Hause einladen zu einem gemütlichen Essen mit Wein und Bier, Pfeffersteaks, Rösti und Böhnchen oder anderem Gemüse. Beim ersten Mal folgten zwischen 15 und 20 Mitarbeiter der Einladung, und wir hatten viel Spaß und einen sehr leckeren und gut gelaunten Abend. Das Treffen wurde folglich schnell zum Messegespräch.

Da ich sehr gerne koche und mich manche Händler auf der Messe ansprachen, ob sie nicht mitkommen könnten, wurden es Jahr für Jahr mehr Gäste. 1983 haben wir mit 31 Personen in meinem Partykeller gefeiert!

Als ich dann nach dem Carlos-Betrug 1984 die Dethleffs-Vertretung verlor, habe ich erst ab 1986 wieder kleine Weihnachtsfeiern für meine Mitarbeiter gemacht, mit Weihnachtstüten und einem persönlichen Weihnachtsbrief für jeden, in dem ich mit Lob nicht sparte, aber wenn nötig auch für Kritik ein paar, wie ich meinte, nette Worte fand. Natürlich habe ich zu diesen Anlässen auch wieder selbst gekocht. An solchen Abenden wurde immer viel erzählt, und die private Atmosphäre war unglaublich gut fürs Betriebsklima und für die Teambildung.

Als ich 1995 das HYMER-Zentrum übernahm, war die Stimmung unter den Angestellten gespannt, von Harmonie keine Spur. Sie zeigten manchmal sogar offen ihre Antipathien füreinander, und die Werkstattmitarbeiter machten keinen Hehl daraus, dass sie sich ohnehin nur wie das fünfte Rad am Wagen fühlten. Es gab kein Miteinander, wie ich es gewohnt war, sondern nur totales Gegeneinander.

Neben den Abmahnungen, die ich schrieb, führte ich auch vie-

Bau der neuen Werkstatt vom HYMER-Zentrum B1 im Jahre 1998.
(Foto Dhonau)

Einweihung der neuen Werkstatt 1998 mit viel Prominenz und Medien.
(Foto Dhonau)

le persönliche Gespräche und versuchte ein Gefühl bei jedem einzelnen dafür zu wecken, dass wir aufeinander angewiesen wären. Was soll ein Verkäufer ohne den Werkstattmitarbeiter? Und umgekehrt? Ich versuchte ihnen klarzumachen, wir seien alle Glieder derselben Kette, und ich hätte die Aufgabe, diese Kette zusammenzuhalten, so dass sie funktionieren würde. Wenn sich einer absichtlich aus der Kette fallen ließe, könne ich mich nicht nach ihm bücken, ich müsse die restliche Kette zusammenhalten. Mag sein, dass das Bild ein wenig hinkte, aber ich fand es anschaulich. Es entstand aber sofort das Gerücht, ich wolle alle entlassen.

Also dachte ich, vielleicht sei Weihnachten eine gute Gelegenheit, mit der bewährten Methode die Spannungen ein wenig zu lösen und lud alle Mitarbeiter zu mir zum gemeinsamen Weihnachtsessen ein. Meine alten Mitarbeiter musste ich nicht lange bitten, sie kamen geschlossen voller Freude. Aus der neuen Belegschaft kam aber nur ein Teil. Fast geschlossen fehlten die neuen Werkstattmitarbeiter.

Ich musste das akzeptieren, wollte aber nicht so leicht aufgeben. Also packte ich für die, die nicht gekommen waren, persönliche Weihnachtstüten, schrieb meine persönlichen Briefe und überreichte jedem Mitarbeiter seine Tüte am nächsten Tag persönlich.

Im Jahr darauf war es ähnlich, und 1997 auch.

1998, als die neue Werkstatt fast fertig war, baute ich in der Werkstatt-Baustelle einen großen Grill auf, organisierte

Hier bei der Weihnachtsfeier zwei treue Seelen: Martina Sawatzki und Herr Cremer (schon jetzt einige Jahre im Ruhestand) (Foto Dhonau)

Weihnachtsfeier bei mir daheim mit meinen Mitarbeitern. Sie gaben mir sehr viel und so wollte ich mich damit revanchieren. (Foto Dhonau)

Weihnachtsfeier bei mir daheim mit meinen Mitarbeitern. Auch Kai war immer dabei. (Foto Dhonau)

einen Weihnachtsmann und überreichte jedem seine persönliche Weihnachtstüte mit Brief an Ort und Stelle. Nach der Feier kamen dann einige Mitarbeiter zu mir und sagten, bei mir zuhause wäre es aber schöner gewesen.

Also feierten wir 1999 und 2000 wieder in meinem Haus, und zu diesen Feiern kamen dann rund 40 Mitarbeiter, für die ich dann gekocht habe, mit drei Gerichten zur Auswahl, der obligatorischen Weihnachtstüte und dem Brief. Und es war wunderschön!

Und so wuchs im Laufe der Jahre schließlich doch noch eine große Gemeinschaft zusammen. Noch heute gehe ich im Betrieb fast täglich zu allen Mitarbeitern und begrüße sie persönlich und mit Handschlag, und zwar in allen Abteilungen, die Werkstatt eingeschlossen. Ich musste mich übrigens nur von drei oder vier Mitarbeitern der ursprünglichen Mannschaft trennen, aufgrund nicht zu behebender Differenzen. Das empfinde ich angesichts des Chaos, das ich übernommen hatte, als einen sehr guten Schnitt. Bis heute arbeiten noch Mitarbeiter bei mir, die ich 1995 übernommen hatte. Darunter ist auch der Kollege, der seinerzeit die erste Abmahnung bekam, die ich je schrieb. Wir verstehen uns inzwischen ausgezeichnet, und mich beeindrucken sein großes Fachwissen und seine vielen praktischen Ideen immer wieder aufs Neue. Wenn wir uns heute mit Handschlag begrüßen, dann strahlt er immer. Ob er dabei auch manchmal an früher denkt? Ich vermute, ja, genauso wie ich.

Es gab im Laufe des ersten und zweiten Jahres im neuen HYMER-Zentrum natürlich nicht nur alte Stammkunden, sondern auch viele neue Kunden, von denen selbst ich manchmal etwas lernen konnte. Ich erinnere mich an einen Fall aus September 1996. Ein Ehepaar kam zu mir und kaufte einen neuen HYMER für 80.000 DM. Sie waren erst seit 6 Monaten verheiratet, beide in zweiter Ehe. Jeder von ihnen zahlte genau die Hälfte, aber das Wohnmobil wurde auf seinen Namen zugelassen.

Nach ihrer ersten großen Reise kam das glückliche Paar bei mir vorbei, und erzählte freudestrahlend von der wunderbaren Reise. Mitte November desselben Jahres rief mich die Frau an und weinte bitterlich. Ihr Mann sei an einem Herzinfarkt gestorben, sei direkt neben dem HYMER tot umgefallen. Und nun beanspruche der Sohn aus erster Ehe das Wohnmobil für sich, weil es ja auf den Vater zugelassen worden sei. Und sie fände den Kaufbeleg nicht mehr. Ich konnte ihr Gott sei Dank helfen, denn in ihrem Fall waren sie nicht nur beide im Vertrag aufgeführt, sondern auch ihre Zahlungen waren einzeln verbucht worden. Das war aber eher Zufall, weil Eheleute normalerweise die Summe nicht in zwei gleich großen Teilen bezahlen. Seitdem versuche ich bei Paaren mit Nachdruck darauf aufmerksam zu machen, dass sie auch an Erbstreitigkeiten denken müssen, auf die sie nach ihrem Tod keinen Einfluss mehr haben. Wenn sie es ablehnen, beide Namen oder das Wort ‚Eheleute' in den Vertrag aufnehmen zu lassen, kann ich es nicht ändern, aber dann habe ich es wenigstens versucht. Die Kundin war damals so erleichtert, dass sie mir versprach, ihr nächstes Wohnmobil sicher wieder bei mir zu kaufen. Und, was soll ich sagen? 2009 stand sie wieder vor mir. Ich erkannte sie nicht gleich als sie fragte, ob ich noch wüsste, wer sie sei. Aber als sie ihren Namen nannte, konnte ich mich sofort wieder an den ‚Fall' erinnern, dem wahrscheinlich etliche Paare verdanken, dass raffgierige Erben dem überlebenden Partner das geliebte Mobil nicht so ohne weiteres fortnehmen konnten.

Ich glaube, dass Eltern, die selbständig sind, immer im Geheimen den Wunsch hegen, eines ihrer Kinder könnte vielleicht später den Betrieb übernehmen, so dass die Arbeit eines ganzen Lebens nicht völlig umsonst war. Der Bäcker wird also möglichst früh dem Sohn oder der Tochter in der Backstube den Zauber der Herstellung vermitteln, der Bauer nimmt den Nachwuchs in den Stall mit, der KFZ-Mechaniker freut sich, wenn Junior lieber mit einem Schraubendreher spielt als mit einer Säge.

Meine beiden Kinder Kai und Vera hatten keine Wahl. Das Leben um, mit und durch Caravans war auch ihr Leben, und sie genossen es. Ich beobachtete beide aufmerksam und versuchte, die Dinge ihren natürlichen Lauf nehmen zu lassen und sie in nichts hineinzudrängen, damit sie sich in der Pubertät nicht mit dem üblichen rebellischen Dagegenstemmen ihr Recht auf einen eigenen Lebensweg erkämpfen müssten.

Obwohl Vera sich für die Schule ganz schön reinknien musste, war sie ehrgeizig genug, um es zu schaffen. Sie verdiente sich Geld mit Nachhilfe dazu und machte mir nicht den geringsten Kummer.

Kai dagegen brachte mich während seiner gesamten Unter- und Mittelstufenzeit immer wieder zur Verzweiflung. Er war ein überintelligenter Schüler, dem alles zuflog, nur nicht die Freude am Lernen. Jedenfalls nicht aus der Sicht der zermürbten Mutter und Lehrer. Sein Zwischenzeugnis hatte gerne mal eine 5 oder 6. Immer gelang es ihm auch, mit seiner heiteren Faulheit blaue Briefe zu ergattern. Aber dann legte er als typischer Saisonarbeiter einen eleganten Endspurt hin, der das Sitzenbleiben bis zum Abitur immer und immer wieder verhinderte. In den Klassen 8 und 9, in denen die Kinder im Grunde als unbeschulbar gelten, bescherte mir seine Einstellung manche schlaflose Nacht, aber als er gut gelaunt und unbeschadet die Oberstufe erreicht hatte, begann ich mich zu entspannen.

Er wählte dann den Weg in die Bundeswehr, absolvierte seine Zeit dort ohne nennenswerte Zwischenfälle und im Anschluss eine Banklehre, die ihn sehr forderte und die er mit einer glatten Eins beendete. Als man ihm anbot, ein Studium anzuschließen, das man mit einer Art Stipendium zu fördern gedachte, lehnte er nach einer kurzen Bedenkzeit ab. Er wollte sich einfach nicht festlegen und damit abhängig machen. Stattdessen studierte er in Essen Wirtschaftswissenschaften und schloss es als Diplomkaufmann ab.

Vera hatte eine genaue Vorstellung davon, was ihr Spaß machen würde. Die Erfahrungen als Nachhilfelehrerin hatten in ihr die Idee reifen lassen, Kinder müssten psychologisch nur richtig aufgebaut werden, dann ginge das Lernen wie von selbst. Nach der Lehre bei uns studierte sie also Psychologie und hatte vor, ein psychologisch geleitetes Nachhilfezentrum aufzubauen. Beide Kinder verdienten sich während des Studiums Geld dazu. Manchmal halfen sie auf den großen

Vera und Kai auf dem Wohnwagenplatz Kölner Str. 59 nach der Vorbereitung auf den Mariatag.
Nun können die Kunden kommen.
(Foto Dhonau)

Messen auf Provisionsbasis beim Verkauf von Caravans und Mobilen, manchmal ließen sie sich andere Dinge einfallen. So begleitete Vera damals die große Sony-Truck-Show auf ihrer Promotion Tour durch Deutschland, arbeitete in einer Werbeagentur oder leitete nach ihrer Ausbildung zur Psychologischen Beraterin Kurse im Autogenen Training für verschiedene Firmen. Sie war immer beeindruckend fleißig.

Kai hatte zu meiner großen Freude 1996 schon verlauten lassen, dass er gerne in meine Fußstapfen treten würde, also nutzte ich jede Gelegenheit, ihn in den Betrieb und bei den Mitarbeitern einzuführen, ihn mitzunehmen, vorzustellen und noch mehr in die Branche einzuführen, als er ohnehin schon längst drin war. Auf den Messen zeigte sich, dass er trotz seines jungen Alters schon ein hervorragender und bestens informierter Verkäufer war. Ich fand es wichtig, dass er den Markt ‚dort draußen‘ auch aus der Sicht anderer Händler erlebte, dass er die Methodenvielfalt wahrnahm, mit der auch andere Händler HYMER führten und die Geschäftsphilosophie umsetzten. Er arbeitete für die Firma Schaffer in Leipzig auf der Messe, für Rall in Stuttgart und für Mattner auf deren Hausmesse in Berlin. Und natürlich immer wieder auch für mich. Ich beobachtete mit leisem Staunen und einer gehörigen Portion Stolz, wie er völlig selbstverständlich dieselbe persönliche Nähe zu unseren Kunden fand, wie sie mir in all den Jahren so wichtig gewesen war. Die Art und Weise, in der ich von Anfang an mit den Menschen umgegangen war, die bei mir ein kleines Vermögen – denn für viele war es das ja auch – investieren wollten, um ihren Traum zu leben, hatte offensichtlich abgefärbt. Wenn er sich unbeobachtet fühlte, konnte ich erleben, wie klug und ruhig er sich auf sein Gegenüber einließ, wie er zuhörte und ihre Bedürfnisse verstand und dann mit sicherem Instinkt das Richtige anbot. Kai hatte die Liebe zum Caravaning buchstäblich mit der Muttermilch eingesogen.

Außerdem hatte er pfiffige Ideen. Als der WDR 1998 vor dem Caravan Salon einen Bericht bei uns drehte, sorgte Kai dafür, dass ein HYMER Eriba Caravan zu Werbezwecken auf das Dach gestellt wurde, eine spektakuläre Aktion! Er nannte ihn ‚Knutschkugel‘, weil sie zum Knutschen aussah und junge Paare zum Knutschen verleitete, wenn man sie bei der Beratung nur eine Weile darin alleine ließ. 2004 wurde sie dann an einen ‚Liebhaber‘ (möglicherweise im doppelten Wortsinn?) verkauft und aufwändig wieder vom Dach herunter geholt.

1998 führte ich mit Kunden eine Reise nach Umbrien durch. Wir trafen uns am 29. Juni am Trasimeno See an der Grenze zu Umbrien, was für mich günstig war, da ich bis zum 27. Juni noch auf einer HYMER Händlertagung in Sonthofen gewesen war. Ich fuhr gegen 18 Uhr in Sonthofen los und hatte eine Strecke von etwa 780 km vor mir. Mit kleinen Pausen kam ich gut voran und gönnte mir sogar eine Schlafpause, damit ich um 8 Uhr frisch am verabredeten Ort eintreffen würde. Meine Mitreisenden waren aber alle schon dort und seit sechs Uhr bereits auf den Beinen. Irgendwann kam ein Anruf, wie lange ich noch bräuchte. Ich schätzte, ich würde in etwa einer halben Stunde bei ihnen sein, sagte ich.

Als ich um die Ecke gefahren kam, erwartete mich eine wunderschöne Überraschung. Sie hatten einen blumengeschmückten Stuhl für mich

Hier wird die „Knutschkugel", der kleine Puck von HYMER, aufs Dach gehoben, wo er einige Jahre den Betrieb zierte. (Foto Dhonau)

Der kleine Puck hat seinen Platz erreicht. (Foto Dhonau)

hingestellt und mir ein Frühstück unter der klaren italienischen Sonne aufgebaut. Ein Traum!

Wir frühstückten zusammen, packten unsere Sachen ein und starteten zum ersten Ziel: Assisi. Anschließend fuhren wir nach Foligno, wo wir den Abend hinter einem Kloster an einer Quelle verbrachten. Im Laufe des Abends kamen immer mehr Einheimische mit Eimern und Kanistern und holten Wasser aus der Quelle, von der man uns auf Nachfrage berichtete, ihr Wasser sei heilig. Das hatte ich nicht gewusst und bei der Vorbereitung auch nirgendwo gelesen. Wir waren ganz verschämt, denn einige von uns hatten die Füße darin gebadet.

Für den nächsten Tag hatte ich den Besuch eines Marionettenspiels eingeplant, was eine lebhafte Diskussion lostrat. Die Männer meinten, das sei doch wohl eher etwas für Kinder, aber als ich ihnen erzählte, dass es sich um lebensgroße Marionetten handele, und dass wir doch im Grunde auch alle von unsichtbaren Kräften wie Marionetten gelenkt würden und so mancher Plan, den wir uns ausdächten, in unseren Leben ja ganz anders verlaufen würde als wir es hätten kommen sehen, wir mit unseren Spatzenhirnen, da wurden sie ganz still. Ein Mitreisender sagte: „Das stimmt, ich hatte auch nicht geplant, mich heute mit meinem Roller auf's Gesicht zu legen!", und so gingen wir zur Vorstellung und kamen alle sehr nachdenklich wieder heraus. Das Thema beschäftigte uns noch eine Weile, aber dann fuhren wir nach der Vorstellung weiter nach Norcia, der Stadt der Trüffelpilze und die Geburtsstadt des Heiligen Benedikt, dem Schutzpatron der Europäer. Die Stadt Norcia darf die Europäische Staatsbürgerschaft offiziell verleihen, und das war dann die Überraschung für den nächsten Abend, als wir nämlich alle vom Bürgermeister der Stadt Norcia eine Urkunde bekamen, die uns gestattete, uns ‚Europäer' zu nennen.

Nach 2 Tagen in Norcia ging es weiter zum größten Hochplateau Europas, nach Castelluccio, einem blühenden Plateau von ungefähr 20 km Länge, umgeben von schneebedeckten Bergen. Traumhaft! Wir begegneten Schafsherden, Wildpferden und weißen Berghunden. Auf diesem Plateau werden Linsen angebaut, die in allen erdenklichen Farben blühten und natürlich eine Spezialität waren, mit der wir uns in einem Lokal verwöhnen ließen. Während wir aßen, saßen am Nebentisch Frauen und verlasen die Linsen, die sehr klein sind und nicht gerade billig, und mit unseren nicht zu vergleichen. Das Essen schmeckte einfach köstlich!

Über Visso fuhren wir dann nach Terni, wo es einen sehr ungewöhnlichen und sehenswerten Wasserfall gibt. Oben auf dem Berg gibt es einen Stausee. Zweimal am Tag wird eine Schleuse geöffnet, und die Wassermassen stürzen über diesen Wasserfall ins Tal, was ein unvergleichliches Naturschauspiel ist.

Von Terni aus fuhren wir dann langsam wieder gen Norden, durch eine touristisch nicht erschlossene, natürlich belassene Landschaft. Kurz vor Florenz verabschiedete ich mich am 7. Juli und fuhr in einem Rutsch heim, denn ich wollte am 11. Juli meinen 60. Geburtstag feiern und hatte noch eine Menge vorzubereiten. Die anderen ließen sich für die Rückfahrt etwas mehr Zeit, und diejenigen, die zum Geburtstag kommen wollten, kamen direkt von ihrer Reise in Mülheim vorbei, so dass die Straßen um mein Haus herum voller Wohnmobile und Caravans standen. Wir hatten nämlich für Gäste, die übernachten wollten, auch noch etliche Caravans bereitgestellt. Insgesamt hatte ich sicher so um die 100 Gäste, die an diesem wunderschönen, warmen Sommertag bei mir im Garten mit uns feierten: meine inzwischen recht große Familie, viele Freunde und Kunden – wobei hier die Grenzen oft sehr fließend waren – und viele Händlerkollegen. Sogar Herr Burkert und Frau Schwarz von HYMER waren extra persönlich vorbei gekommen, was mich unglaublich freute.

Norcia-Castelluccio ist das größte Hochplateau Europas
und ein besonderes Erlebnis – eine in allen Farben blühende Hochebene.
Hier werden Linsen angebaut. (Foto Dhonau)

Meine Kinder hatten ein paar Überraschungen für mich geplant, die mir heute noch eine Gänsehaut über die Arme jagen, wenn ich an sie denke, so habe ich mich gefreut.

Als alle Gäste da waren, wurde die erste Überraschung präsentiert, indem sie das Garagentor öffneten und darin ‚Die Skifleband' stand, auch Freunde von mir, die mir ein Ständchen brachten und ‚Happy Birthday' spielten. Ich war vollkommen überrascht, irgendwie hatte ich keinen Gedanken daran verschwendet, beschenkt zu werden; dass sie alle gekommen waren, war mir einfach Geschenk genug.

Als es dann dämmrig wurde, führten mich meine Kinder zu einer Bank im Garten und verbanden mir die Augen. Was nun? Ich hörte Gekicher und Getuschel und ein paar Geräusche, die ich nicht einordnen konnte. Nach einigen Minuten nahmen sie mir die Augenbinde wieder ab, und vor mir stand ein 500er Fiat in Ferrari-Rot mit einer riesengroßen weißen Schleife auf der Fronthaube. Da ich, wie der Rest der Gesellschaft, längst nicht mehr nüchtern war, glaubte ich an ein Phantom. Das war doch das Auto, das ich gefahren hatte, als die Kinder noch klein gewesen waren! Ich wollte gar nicht erst aufstehen, aus Angst, das Auto würde verschwinden. Also blieb ich sitzen und starrte es nur an. Wie in einem Film flitzten die Erinnerungen an mein altes Schätzchen durch meinen Kopf, ich hörte die Kinder auf der Rückbank mit ihren hellen Stimmchen lachen oder auch mal knatschen, ich flitzte damit zur Arbeit und wieder heim, und ich vermisste dieses wunderbare Stück vom ersten Tag an, nachdem ich ihn abgegeben hatte. Offensichtlich hatten die Kinder in den letzten dreißig bis vierzig Jahren wohl einmal zu oft den Spruch von mir gehört, die Jahre mit dem roten Fiat seien die schönsten gewesen und was ich nur gäbe, wenn ich den Wagen wieder fahren könnte! Um mich herum riefen alle, ich solle doch mal hingehen, mich doch mal reinsetzen, aber ich wehrte rigoros ab: „Nee, dann ist er weg!"

*Mein kleiner 500er Fiat in ferrarirot
zu meinem 60. Geburtstag. Ach, was
war ich glücklich!!! (2 Fotos Dhonau)*

*Sieht man mir das Glück wohl an???
Ich glaube schon. Kai ist stolz, dass
er mir diesen Wunsch erfüllen konnte.*

Schließlich kam mein ältester Sohn Thomas, nahm mich am
Arm und führte mich zu meinem Geschenk. Kai öffnete die
Tür und ließ mich einsteigen. Das Strahlen auf meinem Gesicht
hat auch jemand auf Zelluloid gebannt. Aber selbst ohne das
Erinnerungsfoto bin ich sicher, dass ich diesen wunderbaren
Augenblick nie mehr vergessen werde.

Ja, und dann kam nach der ganzen Fiat-Freude noch eine rie-
sengroße Überraschung. Herr Burkert von HYMER kam zu mir
und sagte: „Ich habe da noch eine Kleinigkeit, die ich Ihnen
von Herrn Hymer überreichen soll." Dann drehte er sich um
und hob die ‚Kleinigkeit' auf und überreichte sie mir. Es war
mein Seidenteppich! Als ich in Tränen ausbrach, war dies nicht
nur aus unglaublicher Freude, sondern auch aus großer Dankbarkeit für die Anerkennung, die er mir für die vergangenen 3
Jahre zollte. Mir läuft noch heute bei dem Gedanken an diesen
wunderbaren Augenblick ein Schauer über den Rücken. Später
erfuhr ich dann, dass die Kinder alle meine Gäste eingeweiht

Viele Gäste waren zu meinem 60. Geburtstag gekommen, Freunde und Verwandte, Kunden und als hohe Gäste Herr Burkert und Frau Schwarz von Hymer. (Foto Dhonau)

hatten und jeder sich liebend gerne am Fiat beteiligte, statt mir eine Flasche Wein oder einen Blumenstrauß mitzubringen, weshalb ich auch den Gedanken an Geschenke gar nicht erst bekommen hatte, denn es gab ja offensichtlich nichts auszupacken. Ich erfuhr auch, dass Kai den Fiat bei einem Händler in Heilbronn ausfindig gemacht hatte und ihn mit meinem Wagen, der eine Anhängerkupplung hatte, dort abholen musste. Das Auto war an meinem Geburtstag, dem 9. Juli, zugelassen worden und hat das Kennzeichen MH-DM 666, und jedes Mal, wenn ich in die Garage gehe, sehe ich ihn. Bei schönem Wetter kommt das Goldstück auch mal ans Licht, und dann fahre ich mit meinen Erinnerungen spazieren. Die meisten Strafzettel für Falschparken habe ich übrigens damals mit dem ersten Fiat 500 bekommen, weil ich den kleinen Flitzer immer gerne quer zur Parkbox noch in die kleinste Lücke quetschte.

Meinen Sohn in den Betrieb einführen zu können, erwies sich für mich und unseren Betrieb als Segen. Durch einem Sonder-

Zum Vorzeigen: Werkstatt und Empfangsgebäude (Bild links) haben Maria Dhonau und Sohn Kai als Referenzansicht konzipiert.

Marias Meilenstein

An Deutschlands Mobil-Meile will die Chefin der Hymer-Niederlassung Mülheim Zeichen setzen.

Eine Niederlassung muß nichts damit zu tun haben, daß sich jemand zum süßen Nichtstun bettet. Wenn es eines Beweises dieser These bedarf, ist das Hymer-Zentrum in Mülheim an der Ruhr gerne bereit, ihn anzutreten.

Denn das raumgreifende Gelände an der deutschen Mobilmeile und Bundesstraße Nr. 1, geleitet von Maria Dhonau, erschließt sich Kunden und Besuchern schnell als lebhaftes Handelshaus für mobile Freuden und als Kreativstudio für neue Ideen. Das Energiepotential speist sich natürlich zum Teil aus der Tatsache, daß der Hymer-Konzern den Handel mit seinen Mobilen hier, am Südrand des Ruhrreviers, selbst betreibt. Deshalb und weil in Mülheim an der B 1 auf engem Raum Konkurrenz herrscht wie sonst kaum in

Ein Händlerportrait der Zeitschrift „Reisemobil International mit Kai „Maria Meilenstein". Ja, es waren viele Meilen bis heute in dieser Branche. (Foto Dhonau)

druck in der ‚Reisemobil International' vom Juli 1998 wurde die Nachricht über Nacht in der gesamten Branche bekannt. Ich war so stolz auf den schmucken Kerl mit dem klugen Verstand, der dort im Anzug auf den Fotos neben mir strahlte, und es war nicht nur die Mutter in mir, die jubelte. Wir sprachen fachlich einfach dieselbe Sprache. Ich konnte mich, ohne auch nur einen Augenblick zu zögern, zu 100 Prozent darauf verlassen, dass der Betrieb und die Kunden bei ihm in ebenso guten Händen waren, wie bei mir. Und das bedeutete nicht nur, Beratung und Verkauf routiniert abzuwickeln, sondern sich auf jeden Kunden immer wieder neu einzulassen und selbst die ungewöhnlichsten Wünsche zu erfüllen. Das waren in der Regel natürlich Umbau- oder Sonderausstattungswünsche.

Sich für den Kauf eines Reisemobils zu entscheiden, war nicht immer eine spontane Entscheidung aus einer blendenden Laune heraus, sondern häufig ein Plan, der in einem der Ehepartner über viele Jahre gereift war und dessen Umsetzung dann hin und wieder ungewöhnliche Blüten trieb, wie die beiden folgenden Beispiele zeigen.

1998 kam ein Kunde in den Betrieb und schaute sich nach einem Reisemobil um. Er ließ sich in aller Ruhe und ausgiebig von mir beraten und entschied sich dann für einen B 510, der nicht nur im Heck einen in die Rückwand integrierten Fahrradhalter hatte und einen wunderschönen Wohnraum mit Bar, sondern auch schon eine separate Dusche, was 1998 noch nicht allgemeiner Standard war.

Nachdem wir den Preis des Reisemobils ausgerechnet hatten, fragte der Kunde nach einer Finanzierung. Er würde gerne am nächsten Tag mit seiner Frau noch einmal vorbeikommen, ihr zeigen, wofür er sich entschieden hatte, dann in ihrer Gegenwart mit mir eine Finanzierung besprechen, die er mit einer monatlichen Zahlung von 1000,00 DM bedienen würde, offiziell. Tatsächlich aber würde er, nachdem alle Formalitäten zum

Schein erledigt worden wären, einen Tag später vorbeikommen und mir die Kaufsumme bar aushändigen.

Das war schon ein eigenartiges Anliegen, und ich fragte ihn nach den Hintergründen.

Er schmunzelte und erzählte mir, er habe heimlich über viele Jahre das Geld für den Kauf dieses Reisemobils gespart und ohne das Wissen seiner Frau beiseitegelegt. Dies wäre jetzt eine ausgezeichnete Gelegenheit, einen offiziellen Grund dafür zu finden, warum er in Zukunft monatlich 1000,00 DM vom Haushaltseinkommen abzweigen müsse. Er würde die Summe dann heimlich auf ein Sparbuch einzahlen, das am Ende natürlich wieder ihm und seiner Frau zugutekäme, aber eben erst dann, wenn die Summe da wäre. Er wollte sie damit überraschen.

Ich war hin und her gerissen. Natürlich sagte ich ihm meine Hilfe zu, aber ich redete ihm auch ein wenig ins Gewissen und fragte vorsichtshalber, ob er sich nicht vorstellen könne, seine Frau einzuweihen, statt die finanzielle Heimlichtuerei fortzusetzen.

Wieder schmunzelte mein Gesprächspartner, dann schüttelte er den Kopf. Nein, so sei es besser, war er überzeugt.

Als er mich später mit seiner Frau, die ich sehr schätzen lernte, auf einer großen Reise begleitete, nahm ich ihn bei einer guten Gelegenheit zur Seite und fragte, ob er dieses Sparbuch wenigstens so ,versteckt' habe, dass seine Frau es finden würde, sollte ihm einmal etwas zustoßen. Er überlegte einen Augenblick, dann schüttelte er den Kopf. „Mir passiert schon nichts", sagte er, und damit war das Thema für ihn erledigt. Na gut, ich hatte es wenigstens versucht. Vor 2 Jahren erfuhr ich, dass er sehr plötzlich verstorben sei. Ich kann nur hoffen, dass das Sparbuch gefunden wurde.

Ein offenes Ohr nutzt dir nichts
ohne ein offenes Herz.
(Maria Dhonau)
1999

1999 kam ein Ehepaar in mein Büro. Die Frau lief vorweg, strahlte mich an und sagte: „Jetzt kaufen wir ein Wohnmobil!" „Prima!", antwortete ich. „Dann lassen Sie uns doch nach draußen gehen, und mal schauen, was Ihnen gefallen könnte!"
Ihr Mann folgte uns schweigend, aber mit einem geheimnisvollen Schmunzeln. Er sprach kein Wort.
Ich zeigte dem Paar etliche Wohnmobile, schilderte Komfortvorzüge, Einrichtungsdetails, technische Unterschiede und versuchte herauszufinden, was den beiden am besten gefallen könnte. Die Dame hatte allerdings nur eine Vorgabe: „Es darf nicht mehr als 100.000,00 DM kosten."
Am Ende der Beratung hatten wir dann genau das richtige Modell gefunden und gingen zurück ins Büro. Der Mann hatte noch immer kaum ein Wort gesprochen, sondern höchstens auf die aufgeregten Fragen seiner Frau mit einem belustigten „Genau!" oder „Wie du willst, Schatz" reagiert. Fast schien es so, als erfülle sich hier die Ehefrau einen lang gehegten Traum, und nicht der Ehemann, was ungewöhnlich war.
Im Büro erzählte mir die Dame dann eine wirklich eigenartige, fast märchenhafte Geschichte. Sie sei immer dagegen gewesen, ein Wohnmobil zu finanzieren und hätte ihrem Mann, der schon vor der Ehe davon geschwärmt habe, sich eines Tages eins zu kaufen, ihren Standpunkt ziemlich deutlich gemacht. Nun schwammen sie beide nicht in Geld, und sein Einkommen war eher überschaubar, denn er verkaufte Joghurts, und damit würde man vermutlich nur in den USA Millionär, ganz sicher aber nicht in Deutschland, oder? Nun, ihr Mann habe dann seinen Traum ausgelebt, indem er immer mal wieder Reisemo-

bil-Magazine mitbrachte und darin blätterte, wenn sie fernsah. Wenn er dann arbeiten ging, versank sie manchmal nach dem Fensterputzen oder vor dem Kochen in der Lektüre und träumte sich in ferne Länder, und so wurde sein Traum allmählich auch zu ihrem, was sie ihm vorsichtshalber aber verschwieg. Nicht auszudenken, auf welche Tricks er verfallen wäre, wenn er auch nur geahnt hätte, wie leicht sie mit etwas Beharrlichkeit vielleicht von ihrem Prinzip, nichts auf Ratenzahlung zu kaufen, hätte abgebracht werden können!

Eines Tages sei sie in den Keller gegangen, um etwas zu suchen. Und als sie Kisten und Kästen hin und her gerückt habe in diesem dunklen Altbaugemäuer, habe sie plötzlich etwas zwischen zwei Holzdielen gesehen, Papier. Sie habe sich gebückt, und in Gedanken ihren Mann verflucht, der sich selten nach etwas bückte, wenn es ihm hingefallen wäre, typisch Mann halt. Und was habe sie dann dort aus der Ritze gezogen? Na? Einen Geldschein! Sie konnte es kaum fassen und habe eine ganze Weile dort gestanden und ihn nur angestarrt. Wie in Gottes Namen war der Schein in die Ritze geraten? Garantiert nicht durch Zufall. Sie sei nach oben gegangen, habe sich eine Taschenlampe und ein Küchenmesser geholt und sei schnell wieder nach unten verschwunden. Wenn jemand dort einen Schein versteckt hatte, dann vielleicht auch einen zweiten oder dritten. Was hatte sie zu verlieren? Ihr Mann war arbeiten, niemand würde sie stören. Und so hatte sie den Rest des Vormittags auf Knien in diesem alten Keller einen Geldschein nach dem anderen aus dem Spalt gepuhlt, den sie am Ende mit allem möglichen Werkzeug behelfsmäßig vergrößert hätte, bis am Ende – „Sie werden es nicht glauben, Frau Dhonau!" – ganz genau 100.000,00 DM in dem kleinen Plastikeimer gelegen hätten, in dem sie den Schatz sammelte.

Sie habe an diesem Tag nicht gewusst, was sie machen sollte, und nie in ihrem Leben sei es ihr schwerer gefallen, keine der

Freundinnen anzurufen und ihnen von dem unglaublichen Fund zu erzählen. Irgendetwas habe sie spüren lassen, dass sie lieber erst mit ihrem Mann sprechen solle, dem sie dann beim Abendbrot den Plastikeimer voller Geld neben das Glas Bier gestellt habe.

Sie hätte den ganzen Tag überlegt, was damit zu machen sei. Wenn es den Vorbesitzern gehört hätte, hätte sich einer von ihnen doch ganz sicher im Laufe der letzten Jahre mal gemeldet, aber nie war ein Anruf gekommen.

Den ganzen Tag über sei sie wie eine Tigerin durch die Wohnung gelaufen. Was tun? Neues Auto kaufen? Einen neuen Fernseher kaufen? Eine schöne Reise machen? Sie habe sich dann irgendwann eine Tasse Kaffee gekocht und sich gezwungen, ruhig zu werden. Dazu hätte sie ganz in Gedanken nach einer Zeitschrift gegriffen und darin geblättert, ohne etwas vom Inhalt aufzunehmen. Ja, bis sie dann gemerkt hätte, dass es ein Reisemobil Magazin gewesen sei. Und da sei dann in ihr langsam der Gedanke gereift, wofür man das Geld benutzen könne. Sie würde ihrem Mann die größte Freude seines Lebens machen und ihm sagen, das Geld nähmen sie, um endlich seinen lang ersehnten Traum zu erfüllen: Sie würden sich ein Reisemobil kaufen!

Ihr Mann sei aber sehr korrekt. „Sie können sich gar nicht vorstellen, Frau Dhonau, wie korrekt er ist!", seufzte sie, und schilderte mir, wie sie den Rest des Tages damit verbracht hätte, sich genau zu überlegen, wie sie ihn davon abbringen würde, den rechtmäßigen Besitzer des Geldes zu suchen.

Lange Rede, kurzer Sinn, nun sei das Geld da, eine Finanzierung sei nicht notwendig, und sie sei so glücklich!

Mich hatte die Geschichte unglaublich angerührt, ebenso wie die Begeisterung der Frau. Immer wieder schaute ich ihren Mann an, aber er zuckte nur lächelnd die Schultern, während seine Frau mir schilderte, wie er sich erst allmählich habe überreden lassen, das Geld zu behalten.

Als ich sie verabschiedete und versprach, mich zu melden, sobald das Reisemobil abzuholen sei, war ich sicher, dass ich noch nie so eine eigenartige Geschichte gehört hatte.

Nach einigen Wochen war es dann so weit. Der Mann kam vorbei, um sein Reisemobil abzuholen. Er kam alleine, weil seine Frau einen anderen Termin hatte. Während der abschließenden Formalitäten tranken wir eine Tasse Kaffee, und dieses Mal war er nicht so schweigsam wie beim ersten Besuch. Er erzählte mir – und das bekannte Schmunzeln begleitete nun seine Geschichte – wie er buchstäblich über Jahrzehnte jeden Schein, den er sparen konnte, unten im Keller in eine Ritze zwischen zwei Holzdielen gestopft hätte, im sicheren Bewusstsein, dass seine Frau sie dort unten nie finden würde. Er habe sich seinen Traum zusammengespart, denn immer dann, wenn er Joghurt von seinen Verkaufstouren übrig behalten hätte, habe er ihn auf eigene Rechnung verkaufen dürfen, oder eben selbst verzehren, das sei ihm überlassen gewesen. Und so sei über die Jahrzehnte nun einmal dieser Betrag zusammen gekommen. Nun freue er sich riesig über das Reisemobil.

Ich fragte, ob er seine Frau je einweihen würde, und er nickte lächelnd. Ja, das werde er.

Ich habe immer noch Kontakt zu den beiden, und eines Tages hatte er das Geheimnis offensichtlich gelüftet. Als wir uns trafen, fragte ich: „Was macht Ihre Kellerritze?", und beide mussten lachen. Sie nahm ihren Mann in den Arm und sagte: „Nichts mehr, er ist nun Rentner!"

Immer wieder sind mir im Laufe meiner Berufsjahre solche und ähnliche Geschichten begegnet, und ich weiß inzwischen, dass mein Sohn vergleichbare Erfahrungen macht. Natürlich kommen auch Kunden zu uns, die sich einfach ein Fahrzeug aussuchen, den Vertrag machen und dann wieder aus unserem Leben verschwinden. Aber das ist eine verschwindend geringe Zahl. Die meisten spüren, dass wir nicht nur an einem schnellen Geschäft interessiert sind, sondern an den Geschichten, die sie als Menschen mitbringen, Geschichten, die in ihrer Vielzahl nun einmal die Geschichten unserer Branche sind. Einer Branche, die Lebensträume wahr werden lässt. Meistens erwachsen aus solchen kleinen Geschichten und Episoden dann Freundschaften, die ein ganzes Caravanleben lang halten.

Mein Sohn hat bei uns den Satz geprägt „Jeder neue Kunde ist der Beginn einer neuen Partnerschaft". Partnerschaften enden nicht mit einer Unterschrift, sie beginnen damit. Ohne Vertrauen gibt es keine Grundlage dafür, dass sie funktionieren werden, und erst in Krisenzeiten erkennt man den echten Partner oder Freund. Den ersten Schritt in einer solchen Partnerschaft machen immer die Kunden, indem sie bei uns investieren. Danach ist es für eine lange Zeit an uns zu beweisen, dass wir ihr Vertrauen verdienen.

Das Leben besteht aber Gott sei Dank nicht nur aus Krisenzeiten, in denen man beweisen muss, dass man der richtige Partner ist. Es besteht auch aus Zeiten der Freude und Entspannung, in denen man einfach mal miteinander auf einer anderen Ebene umgehen kann.

Dazu dienten bei uns die Mariatage, während derer wir uns als Familienunternehmen bei unseren Kunden für ihre Treue bedankten. Aber auf eine viel intensivere Art konnte ich geschäftliche Kontakte in private verwandeln, wenn ich meine Kunden mitnahm auf eine meiner Reisen. Wenn man als Gruppe unterwegs ist, dann entwickelt sich ein Zusammengehörigkeitsgefühl, das seinesgleichen sucht. Das kann durch das Programm geschehen, durch die geselligen Abende, aber auch durch unvorhergesehene Komplikationen, die sich auf Reisen ergeben können.

1999 ging eine meiner Reisen nach Frankreich. Sie war im Großen und Ganzen einfach nur schön und ohne besondere Vorkommnisse. Allerdings hatten einige Fahrer in der Tourenvorbereitung gelesen, dass die Überquerung des Col du Tourmalet, dem höchsten Straßenpass der Pyrenäen mit 2.115 Metern über dem Meeresspiegel, durch seine steilen Serpentinen nicht ganz ungefährlich sei.

Übervorsichtig fuhren einige Reiseteilnehmer die engen Serpentinen also zu weit innen an und kamen dann nicht um die Kurve. Im Gegenteil, ihre Reisemobile setzten hinten auf, und es ging für sie weder vorwärts noch rückwärts.

Die angsterfüllten Rufe der Frauen waren nicht zu überhören, als der ganze Treck zum Stehen kam, also überholte ich sie alle, rief aus dem heruntergekurbelten Fenster „Stehenbleiben! Ich komme zurück!", parkte mein Mobil nach dem Engpass auf einem höher gelegenen Stück und lief wieder runter. Dann bat ich die Herren der beiden betroffenen Fahrzeuge, mir den Fahrersitz freizumachen und fuhr ein Wohnmobil nach dem anderen aus der brenzligen Situation wieder heraus.

In der Dordogne mussten wir dann improvisieren, um zu einem schönen und schmackhaften Mahl zu kommen. Unser Ziel war eine Gänsefarm in St. André, die bekannt war für ihr vorzügliches Gänseparfait. Ich hatte mir vorgestellt, man könne diese lokale Spezialität sicher gut mit einer Weinprobe kombinieren und kannte die Franzosen bis daher nur als geniale Improvisationstalente, die meist auch einen ausgeprägten Sinn für ein gutes Geschäft hatten. In diesem Fall erwies sich die Dame des Hauses jedoch als recht unflexibel. Nein, sie habe für eine Gruppe unserer Größe nicht genug Brot im Haus. Meinen Hinweis, wir könnten doch gerne das Brot selbst zusteuern, wischte sie mit einer Handbewegung vom Tisch. Sie habe auch keinen Wein.

Glücklicherweise hatte sie gerade eine Freundin aus der Schweiz zu Besuch, die sich plötzlich einmischte und genau die Art von Geschäftssinn an den Tag legte, den ich brauchte. Ihr fiel ein Weinbauer aus der Nachbarschaft ein, der sicher gerne aushelfen würde, und ein Anruf genügte, schon stand er auf dem Hof. Wir holten unsere Stühle aus den Mobilen, bauten sie in einem Kreis auf, deckten die Tische mit Brot, und die Schweizerin überredete ihre Freundin, uns mit Parfait zu versorgen. Für alle Seiten erwies sich der Abend dann noch als großer geselliger Erfolg, und für den Weinbauern insbesondere auch als sehr gutes Geschäft.

Erlebnisse wie diese schweißen zusammen, und nahezu alle meine Kunden, die jemals mit auf eine Reise fuhren, sind heute noch immer unsere Kunden. Aber, was viel wichtiger ist: Sie sind auch alle unsere Freunde.

Nach inzwischen vier Jahren HYMER-Zentrum B1 war die Art und Weise, wie mein Sohn und ich mit unseren Kunden umgingen, auch unseren Mitarbeitern in Fleisch und Blut übergegangen. Die Anfangsschwierigkeiten schienen überwunden, die Mitarbeiterführung, die ich konsequent durchgesetzt hatte, trug ihre Früchte. Dennoch blieb es schwierig, geeignete Auszubildende zu finden, denn in dem Alter, in dem sich junge Leute für eine Lehrstelle entscheiden, sind sie in ihrer persönlichen Entwicklung meistens noch am Anfang und für den Arbeitgeber nicht nur ein erfreuliches Thema. Ich hatte immer wieder zwischendurch ausgebildet, und konnte ein Lied davon singen, wie schwierig es für einen Arbeitgeber war, den richtigen Auszubildenden zu finden. Manche zogen einfach nur ihre Ausbildung durch und verließen uns am Tag der Prüfung, um woanders ihr Glück zu finden. Andere brachen ohne Erklärung ab, wieder andere erwiesen sich einfach als fehl am Platz. Selten hinterließen Auszubildende, die mein Unternehmen nur als Sprungbrett in eine wie auch immer geartete Karriere betrachteten, einen nachhaltigen Eindruck bei mir. Dafür hatte ich mit ihnen allerdings oft auch einfach zu wenig zu tun.

Anders im Fall von Christian.

Empfohlen worden war er mir durch einen Mitarbeiter, der von seinem Cousin erzählte, der erst nach einem halben Jahr erfuhr, dass der Betrieb, der ihn ausbildete, gar keine Berechtigung dazu hatte. Zu allem Überfluss hatte besagter junger Mann die Schule vor dem Abitur abgebrochen, um diese Chance seines Lebens in dem IT-Unternehmen zu ergreifen und stand nun ohne Abitur und ohne Ausbildungsplatz da.

Eigentlich war die Summe meiner Erfahrungen mit Schulabbrechern nicht gut, aber ich ließ ihn trotzdem zu einem Gespräch kommen. Noch heute kann ich mich erinnern, wie sehr mich sein wacher Blick und sein Interesse überraschten. Ich bot ihm

Mein ehemaliger Azubi Christian Balkhausen, der durch seinen Ehrgeiz und Einsatz für die Belange des Betriebes heute rechte Hand vom Chef ist. (Foto Dhonau)

eine Ausbildung in unserem Zubehör-Shop an, wies aber darauf hin, dass ich alle Auszubildenden duzte, weil ich sie als meine Kinder betrachtete. Und ebenso wie bei diesen, würde ich auch bei ihm mit verdientem Lob und verdienter Kritik nicht sparen. Ob er damit umgehen könne?

Christian überlegte nicht lange, sondern nickte.

„Solange ich dich kritisiere und fordere", fuhr ich fort, „musst du dir keine Sorgen machen, denn dann stehe ich noch voll hinter dir. Sollte ich damit aber eines Tages unvermittelt aufhören, dann musst du dir Sorgen machen, denn dann habe ich dich aufgegeben. Wenn du dich hier richtig reinkniest, dann kannst du bei mir etwas werden. Wenn du hier aber nur eine Ausbildung bekommen möchtest und ich merke, dass du ohne Herz und

Interesse nur deine Zeit absitzt, dann hast du bei mir keine Zukunft zu erwarten. Habe ich mich verständlich ausgedrückt?"

„Frau Dhonau", antwortete Christian, „ich kann Ihnen nur versichern, dass ich mein Bestes geben werde, damit ich in Ihrem Betrieb bleiben kann!" Dann bedankte er sich für die Chance, die ich ihm gab, und nahm wenige Tage später die Arbeit auf.

Heute ist Christian Leiter unseres Zubehör-Shops, der Werkstatt und des Ersatzteillagers, und ich kann ihn nicht genug loben. Wenn ich einen Kunden zu ihm bringe, dann sage ich auch heute noch gerne: „Herr Balkhausen wird sich um alles kümmern und Ihnen bei jedem technischen Problem mit höchster Fachkompetenz zur Seite stehen. Er ist der beste Mann im Betrieb!" Dies macht Christian damals wie heute etwas verlegen, aber es ist nun einmal die Wahrheit. Er war ein Ausnahme-Azubi und legte stets einen ungewöhnlich hoch motivierten Lerneifer und Einsatz an den Tag.

Als er meinen Sohn vor einigen Monaten um ein Zwischenzeugnis bat und es ihm dann ausgehändigt wurde, kam er zu mir und sagte, das sei eher ein Diplom als ein Arbeitszeugnis. Er war sehr gerührt, und ich ebenso. Heute ist er die rechte Hand vom Chef.

Turbulenzen und Ruhe müssen sich abwechseln.
Das Gleichgewicht will es so.
(Maria Dhonau)
2000–2007

Zwischen 1995 und 2000 hatte unser Geschäft stetig zugenommen, und so, wie meine Abende länger wurden, wurden die Nächte kürzer.

Kai war kurz vor dem Abschluss seines Wirtschaftsstudiums und hatte nebenbei noch abends und am Wochenende ein Informatikstudium begonnen. Alles wurde vorbereitet, damit er im Frühjahr 2001 Niederlassungsleiter des HYMER-Zentrums B1 werden würde. Uns allen lag daran, dass das HYMER-Zentrum B1 das bliebe, was es in den Augen der Kunden schon immer gewesen war: ein Dhonau Betrieb.

In großen Unternehmen kann es aber durchaus vorkommen, dass unterschiedliche Interessen am Werk sind, ohne dass die eine Hand genau durchschaut, was die andere plant. Als man mir von HYMER im Jahr 2000 anbot, man könne mir einen Controller zur Seite stellen, der mir helfen würde, die einzelnen Abteilungen noch effizienter zu strukturieren und die Arbeitsabläufe zu optimieren, bekam ich jedoch ein komisches Gefühl. Wozu brauchten wir einen Controller, wenn mein Sohn doch genau das machen würde? Dennoch widersprach ich nicht.

Da mehrere große Anzeigen keine geeigneten Bewerber angelockt hatten, beschloss man, mir einen jungen Mann aus dem Werk zur Verfügung zu stellen. Dass die Zusammenarbeit dann überhaupt nicht klappen wollte, lag aus meiner Sicht von heute sicherlich daran, dass wir unter völlig unterschiedlichen Voraussetzungen in dasselbe Boot geworfen worden waren. Ich hatte in ihm nur einen weiteren Mitarbeiter gesehen, er hatte aber offensichtlich geglaubt, mein Nachfolger werden zu können. Entsprechend spannungsgeladen war die Zusammenarbeit und entsprechend unbefriedigend war das Ergebnis für alle Beteiligten. Die Spannungen, die sich im Betrieb, zwischen mir, Kai, meinen Verkäufern und zwischen dem jungen Mann aufbauten, nahmen geschäftsschädigende Ausmaße an, die sich schließlich auf der Händlertagung in Oslo ein Ventil suchten. Es gab mehrere Gespräche mit der Geschäftsführung, ehe das Durcheinander endlich bereinigt werden konnte und der junge Mann nach München zurückging, wo er schließlich eine schöne Karriere gemacht hat. Kai bekam dann endlich, wie anfangs geplant, den Vertrag des Niederlassungsleiters, und alles war gut, als ich von meiner Nordkap-Reise zurückkam. Ich atmete auf.

40 Jahre Gast in Essen

Maria Dhonau kam mit der Camping-Messe

Es gibt keine Caravan-Marke, die Maria Dhonau nicht kennt. Und es gibt kaum eine Marke, die sie in der Messe nicht verkauft hat. Denn als vor 40 Jahren die Camping-Ausstellung nach Essen kam, war die Mülheimerin bereits dabei.

„Wir wohnten damals in Bad Salzufflen und hatten eine Tankstelle," erinnert sie sich. Auf dem Platz neben der Tankstelle eröffnete sie einen Caravan-Handel und kam als Verkäuferin nach Essen. Einer ihrer ersten Kontakte war der Motor-Journalist Fritz B. Busch, der über eins ihrer Modelle einen Bericht schrieb.

1968 trennte sich Maria Dhonau von ihren Mann, zog nach Mülheim und baute einen Caravan-Handel auf. Fast alle führenden Marken hat sie bis vor fünf Jahren dort

Seit 40 Jahren in der Messe: Maria Dhonau.

verkauft und war jedes Jahr in der Messe. „Durch meine Freundschaft mit Erwin Hymer kam es zur Gründung der Werksniederlassung an der Kölner Straße mit Werkstatt und Zubehör-Shop."

Nur Caravan-Verkauf aber reichte Maria Dhonau nicht. Sie organisiert Reisen für Caravaner und Motor-Caravaner und führte vor 30 Jahren ein Kundentreff ein: „Immer am Tag vor Muttertag treffen sich meine Kunden." Zwar heißt der Tag heute Maifest, bei ihren Gästen in Mülheim und in der Essener Urlaubsmesse ist es bei dem alten Namen „Mariatag" geblieben.

Caravans bleiben übrigens in der Familie: Sohn Kai ist auch schon in der Messe, am Stand von Hymer. **gu-**

„Auch die Presse sparte nicht mit Lob und Anerkennung meiner Verdienste für die Branche. Dabei stand für mich fest; Ich bleibe, nur nicht mehr an der Front." (Archiv: Marria Dhonau)

Ich hatte es geschafft. Der Generationswechsel war vollzogen! Mit 63 Jahren zog ich mich offiziell aus der Caravan-Branche zurück, in eine Zeit voller Ruhe, Muße und Besinnlichkeit. Dachte ich!

Als ich mich 2001 offiziell aus meinem Beruf verabschiedete, erhielt ich von der Messe Essen für ‚40 Jahre Messeteilnahme' ein Bild der Messe Essen und etwas ganz besonderes: eine Jahreseintrittskarte für Ehrengäste für alle Messen, sowie eine Jahresparkkarte bis an mein Lebensende. Wenn ich heutzutage diese Karte vorzeige, dann machen die Kartenkontrolleure mit einem verschmitzten Lächeln am Eingang immer eine Verbeugung, und dadurch fühle ich mich noch mehr geehrt.

Ich hatte Kai nie klein gehalten und wusste, dass er der neuen Verantwortung gewachsen sein würde. Er hatte sein Wirtschaftsdiplom, war inzwischen auch Informatiker und glitt nahezu ohne Reibungsverluste in die große Aufgabe, die er bereit gewesen war, anzunehmen. So war eine seiner ersten eigenständigen Entscheidungen dann auch die Aufgabe eines Gebrauchtwagenplatzes auf der Kölner Straße 236, der sich nicht rentiert, sondern nur unnötige Kosten verursacht hatte. Die Lagerhaltung wurde neu organisiert, die Dekoration themenspezifischer und kostenneutraler geplant, und der gesamte innerbetriebliche Ablauf neu strukturiert.

Er traf schon früh eine Entscheidung, die wir alle bis heute nicht bereuten: ‚Lieber glänzen im persönlichen Kontakt als nur mit Marmor und Glas' war einer seiner Grundsätze. Ein anderer lautete ‚In der Weite kann dir schnell die Nähe abhandenkommen' und der dritte: ‚Lieber Geld auf der Bank als im Regal'. Diese Prinzipien bilden bis heute die Grundlage für seine Geschäftsphilosophie. Im Tagesgeschäft führen sie dazu, dass der Druck der Wirtschaftlichkeit kalkulierbar, die gesunde Nachtruhe sicher und die Lust an persönlicher Zuwendung gegenüber den Kunden groß bleibt. Kluges Kind!

WOHNWAGEN DHONAU
Maria Dhonau

41 Jahre

Maria im Cara-Wahn

Als die Betten laufen lernten schuf Maria Dhonau schon den persönlichen Verwöhnservice für die mobile Kundschaft.

Zum Abschied sagen wir herzlichen Dank für 41 Jahre vorbildliches Engagement und einen Handels-Service in Perfektion.

DCHV
Deutscher Caravan Handels-Verband e.V.

2001 wurde ich offiziell vom DCHV und vielen Kunden und Weggefährten der Branche verabschiedet. Seit 2001 liegt das Unternehmen in Kais Händen. (Foto Dhonau)

Kai war nun der Alleinverantwortliche im Geschäft, und ich gebe zu, dass es mir ausgesprochen schwer fiel, mich aus seinen Entscheidungen herauszuhalten. Eines Tages sprach er mich auch direkt an. „Mutti, aus deinem Schatten herauszutreten ist wirklich nicht einfach!" Das hat mich sehr nachdenklich gemacht, und es wurde zu meiner wichtigsten ‚Aufgabe', mich zurückzunehmen.

Kai das Geschäft übergeben zu haben, hatte damals für mich etwas Feierliches, Würdevolles, Offizielles. Alles würde sich nun ändern, einfach alles. Mir war natürlich klar gewesen, ich würde zwar nicht in goldenen Pantoffeln auf Diamantenstaub wandeln, so sehr hatte ich mich finanziell nicht erholt seit 1984, aber ich würde mein Leben in vollen Zügen genießen, denn das hatte ich inzwischen gelernt und lernte es täglich mehr dazu.

Außerdem war ich inzwischen zweifache Schwiegermutter. Vera hatte bereits 1996 geheiratet und Thomas gab sein Jawort 1999. Im November 1999 wurde seine Tochter und mein erstes Enkelkind geboren, die wunderbare Kaya, und das Mädchen bezaubert mich bis heute immer wieder aufs Neue. Könnte es uns doch allen nur so gut wie den Kindern gelingen, dem Leben in erster Linie Freude abzutrotzen. Nun war Vera schwanger, und ich würde bald zum zweiten Mal Großmutter werden!

Ich beschloss, mich noch geschickter abzulenken. Natürlich stand ich auf Abruf, wenn er mich gebraucht hätte, aber ich fand es wichtig, dass er sah, dass ich ohne die Arbeit bei ihm ganz sicher nicht in Trübsal und Alterslangeweile versinken würde.

Das Jahr war mundgerecht aufgeteilt in Messen und Reisen. Im Januar half ich auf der CMT in Stuttgart, im Februar auf der Hamburger Messe und Ende März wieder in Hamburg für die Firma Storbeck. Die Familie Storbeck, die leider im November 2010 Insolvenz anmelden musste, ließ sich immer viel einfallen, um uns Verkäufern das Verkaufen schmackhaft zu machen. Sie luden uns jeden Abend zum Essen ein, und einmal besuchten wir auf der Reeperbahn eine Travestie-Show. Dann kamen die Frühjahrsmesse in Essen, die Reisen, im September die Caravan Tage auf der Horner Rennbahn und danach der Caravan Salon.

Zwischen den Messen und Reisen stürzte ich mich auf meinen lang gehegten Traum und reaktivierte meine Pläne für mein ,Zentrum der Entspannung', wie es irgendwann einmal heißen sollte.

Wer mich kennt, der weiß, dass ich eigentlich ein Mensch bin, der mit beiden Beinen fest im Leben steht. Ich laufe nicht esoterisch verhuscht durch die Welt. Allerdings kann ich nicht verhehlen, dass ich eine Menge Erlebnisse hatte, die mich empfänglich machten für den Glauben an eine nicht sichtbare, alles bestimmende und viel Kraft spendende Energiequelle. Meinet-

Im Capitol-Reef trafen wir eine Gruppe mit Harleyfahrern, die spontan anhielten und mit uns fotografiert werden wollten. (Foto Dhonau)

wegen konnte sie sich dort aufhalten, wo die einen den ‚Himmel' vermuteten, meinetwegen auch irgendwo durch den unendlichen Kosmos wabbern oder, für die, die damit auch nicht umgehen wollen, konnte sie auch in einem Keks wohnen.

Diese Kraft oder Macht war auf jeden Fall ganz unbestreitbar da, und in den verletzlichsten Augenblicken meines Lebens war sie für mich buchstäblich greifbar gewesen, wie und warum auch immer. Und genau dieses ‚warum auch immer' ließ mich nicht mehr los.

Die Seminare, die ich Mitte der Achtziger besucht hatte, und die mir halfen, mein Selbstbewusstsein wieder auf die Beine zu stellen und Kraft zu finden für meinen ganz alltäglichen Wirtschaftswahn, brachten mich in Kontakt mit Themen wie ‚Geistheilung'. Ich gebe zu, ich war nicht nur beeindruckt, sondern geradezu begeistert. Der deutsche Begriff ‚Geistheilung' löst leider immer noch als erstes Skepsis und mildes Lächeln aus, weil das Wort ‚Geist' uns so fremd geworden ist. Ich möchte den treffen, der bei diesem Wort vor seinem inneren Auge nicht zuerst Gespenster sieht, im günstigsten Fall die humorvollen Hollywoodvarianten.

Interessanterweise führen dieselben Menschen Redewendungen wie ‚Ein gesunder Geist wohnt in einem gesunden Körper" genauso selbstverständlich im Munde wie den „Heiligen Geist", und doch haben sie meistens gar keine Ahnung, wie nah sie der Wahrheit damit schon gekommen sind. Der englische Begriff „Spiritual Healing" kommt der Sache schon deutlich näher, und Reiki ist heutzutage bei uns die bekannteste Art, wie spirituell sensible Menschen anderen durch bloßes Handauflegen helfen können. Spiritualität hat in unserem hektischen Alltag meist nur noch eine Nische in den Religionen und in esoterischen Kreisen, und angesichts der vielen Kirchenaustritte kann man sich gut vorstellen, wie viele Menschen den Kontakt zu ihren spirituellen Ressourcen verloren haben.

Meine Amerikareise mit Kunden im Jahre 2004. Hier fahren wir gerade aus dem Nationalpark „The Arches" heraus. (Foto Dhonau)

Wenn wir die nicht-industriellen Kulturen der Welt um viele Dinge nicht beneiden wollen, so sollten wir dies ruhig in Bezug auf ihre Verbindung zur Spiritualität doch hin und wieder tun. Kluge anthropologische Studien belegen ausführlich, wie wir Europäer vom Übergang des Mittelalters zur Neuzeit die Träger unserer spirituellen Kultur erst auf Scheiterhaufen verbrannten und uns dann wunderten, dass die aufstrebenden Naturwissenschaften in uns ein Loch hinterließen, das sich selbst in Jahrhunderten nicht mehr zufriedenstellend stopfen ließ. Wer sich für diese Zusammenhänge interessiert, darf sich gerne dort schlau machen.

Erst in der zweiten Hälfte des zwanzigsten Jahrhunderts fanden Lehren, die sich damit befassten, über Umwege zurück nach Europa, wo sie einen langwierigen Dauerkrieg gegen die Schulmedizin zu bestehen hatten und haben. Nun, Gott sei Dank gab und gibt es gut ausgebildete Wissensträger, gemeinhin zu finden bei den Psychologen, Heilpraktikern, Homöopathen und wer sich damit alles inzwischen beschäftigt. Meine Kontakte und meine Ausbildungen erhielt ich übrigens beim Sauter Institut in Göppingen, und ich möchte nicht einen einzigen Augenblick davon missen.

1987 und 1988 hatte ich dort eine Ausbildung zum Geistheiler abgelegt, und auch gleich eine sehr bewegende und ungewöhnliche Erfahrung gemacht. In den Seminaren, die ich mir zuliebe besuchte, und später in meinen Ausbildungen zeigte sich, dass ich eine spirituelle Begabung besaß. Ich konnte mich selbst so zurücknehmen und so entspannen, dass in mir Raum war für eine erweiterte Wahrnehmung. Das heißt, es war mir möglich, Dinge zu spüren und zu sehen, die anderen verschlossen sind. Mich hatte die persönliche Not und die Suche nach Hilfe in diese Richtung gebracht, und ich hatte zunächst ja nur für mich trainiert und gelernt. Aber irgendwann war ich offensichtlich stark genug, um auch anderen helfen zu wollen, und alle weiteren Bemühungen, jedes Training und jede Übung, brachten

Talente zum Vorschein, von denen ich vor ein paar Jahren nicht einmal etwas geahnt hatte. Das musste einen Grund haben. Selbsthilfe war nicht genug Grund für so ein großes Geschenk. 1988 kam ein Ehepaar auf meinen Platz und sah sich um. Damals vertrat ich noch Weinsberg. Sie wollten eigentlich einen HYMER, aber meine Mobile gefielen ihnen und so entschieden sie sich am Ende für einen Weinsberg ,Meteor'. Als sie in meinem Büro saßen und meine Seminarurkunden an der Wand sahen, kamen wir ins Gespräch. Ich erzählte von meiner Geistheiler-Ausbildung, die ich im Moment absolvierte, und die Dame wurde sehr neugierig. Ich erklärte, dass wir mit dem Lichtkörper eines Menschen arbeiteten, mit der Aura oder dem Astralkörper, der jeden umgebe.

Wenn Menschen sich unerklärlichen, bedrohlichen Krankheiten wie Krebs ausgeliefert sehen, dann greifen sie nach jedem Strohhalm, vor allem dann, wenn die Schulmedizin ihre Angehörigen aufgegeben hat. In diesem Fall war die Schwiegertochter an Krebs erkrankt, und meine Kundin bat mich, ob sie nicht einmal mit ihr vorbeikommen dürfe.

Ich musste leider darauf hinweisen, dass meine Ausbildung erst im Oktober abgeschlossen wäre und ich vorher niemanden behandeln dürfe.

Mitte Januar 1989 klingelte mein Telefon. Der Sohn der Familie war dran. Er sei im Krankenhaus bei seiner Frau, und er habe gerade in diesem Augenblick eine innere Aufforderung bekommen, mich anzurufen. Das könne er nicht erklären, und es sei ihm auch etwas peinlich, mich damit jetzt so zu überfallen, aber … dann brach er ab.

Mich berührte der Anruf so stark, dass ich mich mit wenigen Atemübungen und Konzentrationsübungen noch am Telefon vollkommen auf die Situation einstellte und in eine tiefe Entspannung fiel, die wir als Trance bezeichnen. Das muss man sich nicht, wie in Hollywood Filmen, als einen Zustand mit rollenden Augen, Zuckungen und Schaum vorm Mund vorstellen, sondern einfach nur als einen sehr vom Augenblick losgelösten Zustand tiefster Empathie, das heißt größtem Einfühlungsvermögen. In diesem Zustand regiert die vollkommen auf den Augenblick fixierte Intuition, und das eigene Bewusstsein hält sich zurück. Man wird zu einer Antenne, die Schwingungen aufnimmt, die man nicht messen und nicht erklären kann, und diese Schwingungen formen sich ebenso unbewusst zu Erkenntnissen, die man mitteilt. Klingt gruselig, ist es aber nicht. Man ist danach erschöpft, fast als habe man nach langer Zeit mal wieder Muskeln bewegt, die man sonst einfach nicht benutzt, und auch wenn das Bild mit den Muskeln hinkt: Diese Wahrnehmungsform ist nichts anderes als ein Sinn für spirituelle Strömungen, den die meisten Menschen haben und die wenigsten benutzen können.

Ich wusste wie man diesen Sinn benutzt, tat es und sagte dem Mann nicht nur, was seine Frau machen solle, sondern dass sie wieder vollkommen genesen würde.

Nun kannte ich ja die medizinische Geschichte der jungen Frau durch die Schwiegereltern, und ich wusste, dass ihr die Ärzte vor 2 Jahren noch 4 Jahre gegeben hatten. Meine ‚Trance'-Auskunft erschrak nicht nur ihn, sondern auch mich, denn auch wenn ich so etwas trainiert hatte, so war dies doch auch für mich eine Premiere, und so ganz wohl fühlte ich mich dabei nicht, auch wenn sich meine Prognose mit einem Gefühl von „Genau!" zufrieden in mir niederließ. Dennoch bat ich den jungen Mann, mit einem Foto seiner Frau zu mir zu kommen. Ich würde mir gerne bei meinem Ausbilder eine zweite Meinung holen.

Eine Stunde später hielt ich das Foto der Patientin in der Hand und legte es am nächsten Morgen Professor Sauter vor. Er sah es sich lange an, dann sagte er, meine Anweisungen seien richtig gewesen. Wenn sie täte, was ich empfohlen hätte, würde sie wieder gesund werden.

Gerne hätte ich die junge Frau an ihn verwiesen, aber er gab mir das Foto zurück und sagte: „Nimm das mit, sie kommt zu dir." Ich hatte mit Arnd, so hieß der Ehemann, verabredet, dass er mich am Montag anrufen solle. Das erste, was er fragte, war: „Frau Dhonau, was ist Freitagnacht passiert?" Es stellte sich heraus, dass seine Frau in der Nacht von Freitag auf Samstag morgens um fünf von einer Stimme geweckt worden sei, die ihr genau sagte, was sie zu tun habe, und dass sie dann wieder gesund würde. Er schrieb auf, was sie gehört hatte, und es waren genau die Worte, die ich ihm am Freitagnachmittag am Telefon gesagt hatte. Bis dahin hatte er ihr gar nichts von mir erzählt, und als sie hörte, wie sich die Aussagen deckten, sagte sie: „Ich muss sofort zu Frau Dhonau, mir wird ganz warm."

Sie kamen dann 2 Tage später nach ihrer Entlassung, und wir hatten ein sehr langes Gespräch. Sie litt vor allem daran, dass sie nach den harten Chemotherapien ihre Periode nicht mehr bekommen würde und damit auch keine Chance mehr hätte, Mutter zu werden. Sie war erst 29. Ich berührte ihren Lichtkörper. Das mag etwas versponnen klingen, wenn man das nicht selbst schon einmal erlebt hat, aber ich kann Ihnen versichern, es hat nichts mit Spinnerei zu tun. Möglicherweise sind die meisten Menschen mit der richtigen Anleitung und dem richtigen Training irgendwann in der Lage, ihre eingeschlafenen Sinne soweit zu reaktivieren, dass sie dasselbe sehen können, wie die, die eine solche Ausbildung machten wie ich. Wie auch immer, ich spürte – wir sagen dazu auch ‚ich bekam die Antwort', weil wir ja immer mit einer Frage an den Astralkörper herantreten – dass sie ihre Periode sehr wohl noch bekommen würde, und so war es auch, denn sie machte wirklich sehr intensiv alles, was ich ihr riet, vor allem die Zellbeatmung.

Versuchen Sie doch mal, diesen Begriff zu googeln, Sie werden nichts finden außer Biologiekurse zur Zellatmung, jenem Stoffwechselprozess, mit dem Zellen Energie gewinnen. Ich rate Interessierten, sich einmal die Frage zu stellen, warum asiatische Kulturen, die eine lange Meditationstradition besitzen, so viel Wert auf Atmung und Atemtechniken legen und behaupten, der Geist reite auf dem Atem?

Ohne hier nun allzu sehr ins Detail gehen zu wollen: Zusammen mit ihrem Hausarzt, der sie traditionell behandelte, während ich mich um das Spirituelle kümmerte, behandelte ich die kranke Frau. Sie wurde gesund, machte bei mir 2 Seminare und wurde im August 1992 Mutter eines kleinen Sohnes. Ihr Hausarzt Dr. Hartwig und ich wurden Taufpaten.

Gesund zu werden ist eine Sache, gesund zu bleiben eine andere. Irgendwann nimmt der Alltag einem die Kraft, die man braucht, um das mühsam erlernte Gleichgewicht zu halten. Erinnerungen an zurückliegende Erkrankungen werden verdrängt. Aber das bedeutet nicht, dass sie nicht wieder ausbrechen können. Nach der neuen Diagnose hatte die junge Mutter keine Energie mehr, etwas für sich zu tun, und so hat sie zum Schluss ihrem Mann in ihrer Sterbeminute gesagt: „Sei nicht böse, ich will jetzt schlafen". Hat sich umgedreht und ist gegangen.

Torben reagierte am Grab auf das Weinen seines Onkels mit den Worten: „Du brauchst nicht weinen. Die Mutti ist nicht da drin. Das ist nur ihr Körper." Dann sagte er, er würde in seinem Chor, einem Knabenchor in Wuppertal, für seine Mutter weitersingen. Heute hat er eine eigene Band.

Diese Erlebnisse haben mich von ihrem Anfang 1988 bis zu ihrem Ende 2004 tief beeindruckt. Ich wollte mehr erfahren über unsere Möglichkeiten, über meine Möglichkeiten, und mich so gut und so gründlich ausbilden lassen, wie es nur möglich war. Ein Vortrag bei der Deutschen Bank, den ich einmal hielt, bestätigte mich in meinem Wunsch, möglichst alles zu lernen, was man mir beibringen konnte. Damals hatte ich noch Wochen später Anrufe von Besuchern des Vortrags erhalten, die von mir Rat wollten und Hilfe, die ich noch nicht geben konnte. Sicher, ich hatte immer ein ‚Bauchgefühl', aber das war nicht genug.

1990 absolvierte ich meine erste Ausbildung als Kursleiterin für Autogenes Training, dann kamen Jahre, die mir wenig bis keine Zeit für Ausbildungen ließen, und 2000, schon mit Blick auf die baldige Altersfreizeit, machte ich meinen Seminarleiter.

Nachdem Kai signalisiert hatte, weniger ‚Mutti' sei ‚mehr', legte ich 2001 gleich mehrere Prüfungen ab. Ich wiederholte die Kursleiterausbildung für Autogenes Training und Mediation, weil sie im Vergleich zu 1990 um ein Vielfaches erweitert worden war. Ich begann mit dem Studium der Metaphysik Teil I, II und III und legte hier die Prüfungen 2003 bis 2004 ab. Das war wirklich sehr viel Stoff und sehr anstrengend. Im September 2004 wurde ich Seminarleiter für Motivation, Mentaltraining und Heilseminare, und erst danach durfte ich mit der Ausbildung zum Heilhypnotiseur beginnen, die ich zwischen 2005 und 2006 abschloss. Vierzehn Tage lang wurden wir intensiv geprüft, und eine Aufgabe bestand darin, sich innerhalb von 6 Sekunden von Schmerzempfinden zu befreien durch tiefste Entspannung. Auf die Schilderung, wie das dann überprüft wurde, verzichte ich hier wegen ihrer Drastik. Vielleicht nur so viel: Wenn man die tiefste Entspannung erreicht hat, fließt kein Blut. Sonst schon, weil jede Verkrampfung Zellen beschädigen kann. Bei mir floss kein Blut.

Von 2006 bis 2007 wiederholte ich die Geistheiler-Ausbildung, um auch die Grundlage des Heilhypnotiseurs zu festigen. Ich kaufte das Haus an der Kölner Straße 59, in dem ich dann endlich nach so vielen Jahren des Wünschens und Planens mein Zentrum für Entspannung eröffnete. Ich konnte dort Kurse in allem anbieten, was ich gelernt hatte, und kreierte auch eigene Seminare wie ‚Der Umgang mit dem eigenen Ich' (das so vielen Menschen so fremd war), ‚Verborgene Fähigkeiten entdecken' und – zugegeben – meinem Lieblingsthema: ‚Die selbstbewusste Frau mit Herz'.

In der Zwischenzeit gab Junior im Betrieb alles.

Wenn ich da war und ihm half – und ich sorgte dafür, dass ich viel nicht da war – dann hatte ich stets den Eindruck, als würde alles sehr gut funktionieren. Denselben Eindruck muss HYMER gehabt haben, denn als Herr Burkert, inzwischen Vorstand von HYMER ihm nach 4 Jahren 2005 das Angebot machte, die Werksniederlassung als Selbständiger zu übernehmen, lobte er sowohl Kai's solide kaufmännische Qualitäten als auch sein fachliches und handwerkliches Geschick. Unser Betrieb hatte nie in das traditionelle Bild einer abhängigen Werksniederlassung gepasst. Er war immer ein Dhonau-Betrieb gewesen.

Kai war sehr interessiert, hatte sich aber entschlossen, dies mit einem Partner anzugehen. Alleine beim Wort ‚Partner' stellten sich mir die Nackenhaare auf, und Carlos fiel mir ein.

Aber mein Sohn war erwachsen und musste mich nicht fragen. Er übernahm in dieser Partnerschaft den kaufmännischen Part und sein Kollege den Werkstattbereich.

Auch hier würde ich gerne abkürzen, indem ich zusammenfassend schreibe, dass sie sich 2007 trennten.

Erst, wenn man einen Mitarbeiter sucht, der eine Werkstatt wieder aufrichten soll, und das in möglichst kurzer Zeit, trennt sich die Spreu vom Weizen. Und weil wir mit ihnen so glücklich sind, möchte ich die Kollegen, die hier Wunder bewirkt haben, auch gerne erwähnen. Da wäre als erster Joachim Simon zu nennen, der sofort die Ärmel hochkrempelte, um das alte Niveau wieder zu erreichen, ebenso wie Frank Ksionsko als Werkstattleiter, den Joachim auch heute noch vertritt, wenn er mal nicht da ist. Das Unternehmen, in dem er 23 Jahre arbeitete, ging in die Insolvenz und er bewarb sich bei uns. Gott sei Dank. Die Kunden lieben ihn, und er harmoniert hervorragend mit Nicki Bruckhoff in der Reparaturannahme, der bei uns die Ausbildung absolvierte und sich hervorragend entwickelte. Der weibliche Fels in der männlichen Brandung ist unsere gute See-

Unser Werkstatt-Team im Hymer-Zentrum B1. Ein sehr harmonisches Team,
das sich alle Mühe gibt, dem Wunsch des Kunden gerecht zu werden.
(Foto Grümmer)

le Martina Sawatzki, die seit über 20 Jahren die bürokratischen Werkstattbelange gewissenhaft regelt und jedem mit einem Lächeln begegnet. Da wir die Mobile nicht mit Klebeband und Heftzwecken reparieren, sondern mit hochwertigen Ersatzteilen, sind wir froh, dass sich David Uthmeier, der ebenfalls bei uns lernte und für die Firma lebt, darum kümmert. Er kennt sich im Ersatzteilwesen aus wie kein Zweiter. Dass die Zusammenarbeit zwischen dem Shop – der neuen Movera Erlebniswelt – und der Werkstatt weiterhin reibungslos laufen wird, dafür sorgt Christian, über den ich bereits geschrieben habe.

Und so haben wir die beiden dunklen Jahre inzwischen fast vergessen, weil Kai ein richtiges Dream-Team für diesen Bereich zusammenstellen konnte, zu dem übrigens noch die vielen fleißigen und motivierten Hände und Köpfe der Monteure gehören.

Ohne sie wären wir im Verkauf buchstäblich verloren.

Und ich freute mich, dass mein Sohn schon 2005 das Problem mit meinem Schatten nicht mehr sah und mich bat, wieder etwas mehr mitzuhelfen.

Dass ich mir bei den Problemen mit seinem Partner oft buchstäblich sehr auf die Zunge beißen musste, um nicht aus der Haut zu fahren, hat er nicht immer mitbekommen.

Dafür mache ich wiederum meine Ausbildungen verantwortlich. Wie gesagt: Es darf kein Blut fließen.

Ein Schritt nach dem anderen.
Und du wirst dich wundern, wie weit du kommst.
(Maria Dhonau)
2008–2010

Im April 2008 nahm ich eine Gruppe von 9 Frauen mit auf den Jakobsweg, diesmal zu Fuß, in einem metaphysischen Ferienseminar über 9 Tage.

Nicht erst seit Hape Kerkeling gilt der Jakobsweg als heilsame und gewinnbringende Erfahrung für Menschen, die sich mit offenen Fragen in ihrem Leben beschäftigen, und so unterschiedlich wie die Gründe, warum jemand den Pilgerweg betritt, so unterschiedlich sind die Erfahrungen, die man als Einzelner wieder mit nachhause nehmen kann. Die Lehre der Metaphysik verbindet ja die sichtbare mit der unsichtbaren Welt und beschreibt metaphysische Gesetzmäßigkeiten, die – richtig verstanden und angewendet – Glück, Genesung, Erfüllung, Heilerlebnisse und am Ende Erfolg in unser Leben bringen können, auch wenn man manchmal nicht mehr damit rechnet. Fragen, wie die nach Gott als allumfassenden Teil der kosmischen Energie, können den Jakobsweg für jeden zum Energieweg machen. Um das Bewusstsein der Pilgernden zu öffnen, eignen sich Meditationen und Suggestionen, die die Pilger benutzen. Ich hatte mir viel Mühe gegeben und schöne und hilfreiche Texte zusammengestellt und mitgenommen, damit meine Kursteilnehmerinnen davon regen Gebrauch machen konnten.

Als ich am 19.4. wieder zurück war, blieb mir nicht mehr viel Zeit, bis es erneut losging, dieses Mal endlich auf die Nordlandreise. Und als wir nach 45 Tagen von dort zurückkamen, stand mein 70. Geburtstag bereits unmittelbar bevor.

Nach den Ferien wurde ich im August 2008 dann ins Literaturhotel eingeladen, um über meine Reise auf dem Jakobsweg zu sprechen. Ich konnte in einem von Bildern begleiteten

Auf dem Jakobsweg 2008.
Ein großes, unvergessliches Erlebnis.
(Foto Busam)

Vortrag vor allem auf die metaphysischen Aspekte der Reise eingehen, und das Publikum war sehr interessiert. Nach mir gab es dort eine Lesung mit dem jungen Autor Felix Bernhard, der 2000 km auf dem Jakobsweg alleine im Rollstuhl hinter sich gebracht hatte, eine unglaubliche Leistung! Die Bekannte, von der ich zu meinem Vortrag eingeladen worden war, hatte 2007 bei mir ein gebrauchtes Reisemobil gekauft und war gerade dabei, ihre Zelte in Essen abzubrechen, um mit einem befreundeten Investor in Iserlohn dieses ungewöhnliche Hotel zu eröffnen. Wir kamen intensiv miteinander ins Plaudern, und daraus ist eine sehr schöne Freundschaft geworden. Inzwischen hat sie die Leitung des Literaturhotels an Carsten Griesbach, einen ‚richtigen' Direktor abgegeben, wie sie mit einem leisen Schmunzeln sagt. Sie plant aber noch immer das literarische Programm und ihr alter Freund behandelt dort Gäste, die unter Burnout leiden, mit wunderbaren Entspannungsmethoden.

Nach meinem 70. Geburtstag rückte für mich der Wunsch, meine Erfahrungen der Jakobswegreise zu veröffentlichen, sehr in den Vordergrund. Ein guter Freund lektorierte und setzte meinen Text, und wir erstellten ein Büchlein, das fast schon so aussah, wie ich es mir später in den Regalen von Buchhandlungen vorstellen konnte, aber irgendwie kam das Projekt einfach nicht in die Gänge. Der Jakobsweg-Boom, den Hape Kerkeling ausgelöst hatte, hatte auch eine Unmenge an Veröffentlichungen nach sich gezogen, von denen der Markt regelrecht überflutet war. Nach allem, was ich beurteilen konnte, war unsere Fibel einzigartig, wenn auch nicht so leicht zu lesen wie ein flott geschriebenes Reisetagebuch. Sie enthielt nicht nur die Meditationstexte und Suggestionen, sondern auch eine bis ins kleinste Detail ausgetüftelte, praxisbewährte Vorbereitungsliste, wie ich sie bei der eigenen Vorbereitung nirgends gefunden hatte. Dennoch war meinem Projekt damals einfach kein Glück beschieden. Bis auf einige obskure Verlage, die Druckkostenzuschüsse verlangten, fanden wir keinen Verleger, so dass ich das Projekt erst einmal auf Eis legte.

Auf dem Caravan Salon im Herbst 2008 schrieb HYMER für die Verkäufer einen Wettbewerb aus. Alle auf der Messe geschriebenen Verträge wurden abends gezählt und notiert, aber das Ergebnis blieb geheim. Wir fragten uns zwar gegenseitig, wie viel der andere denn wohl so habe, aber niemand wusste etwas Genaues. HYMER mietet auf dieser Messe immer eine ganze Halle. Die Halle 17 ist die HYMER Halle, und alle Verkäufer sind für die ganze Halle zuständig und müssen unentwegt die Augen aufhalten, wenn sie gut verkaufen wollen. Es gibt auch keine Einschränkung, wer welche Modelle verkaufen darf. Der erste Tag der Messe ist nur für die Presse und für Fachaustausch unter den Herstellern, Händlern und Zubehörlieferanten. Die übrigen neun Tage sind für das Publikum freigegeben. Wir waren in dem Jahr mit 90 Verkäufern in der Halle. Es gibt natürlich Kollegen, die suchen sich ein Modell aus und bleiben während der ganzen Messe an einer Stelle stehen. Andere laufen immer wieder herum und beobachten die Kunden. Man kann sich aber kaum aus der Halle herauswagen oder mit den anderen Verkäufern im Gespräch versinken, sonst könnte es gut sein, dass man verpasst, wenn ein Kunde, den man beraten hat, von seinem Rundgang zurückkehrt.

Die Spannung wuchs natürlich, und selbst am letzten Tag wurde der Gewinner nicht bekannt gegeben. Erst einige Wochen später erhielt ich ein Päckchen von HYMER mit einer Armbanduhr und einem Glückwunschschreiben. Für denjenigen, der den Wettbewerb geplant hat, war es offensichtlich so ungewöhnlich, dass eine Frau gewinnen könnte, dass ich eine Herrenarmbanduhr bekam. Mein Name stand übrigens auf Platz eins, gefolgt von einem anderen Verkäufer, den ich schon kannte von der Firma Fassbender, und einem Holländer. Ich hatte 16 Verträge geschrieben auf dieser Messe.

Einen dieser Verträge schloss ich mit einem Ehepaar ab, an das ich mich wirklich gerne erinnere. Sie kamen aus der Schweiz, und zwischen uns stimmte die Chemie vom ersten Moment an. Sie erzählten mir, dass sie seit fünf Jahren einen HYMER Starline 640 fuhren und mit dem schon fast überall auf der Welt gewesen waren. Insgesamt hatten sie damit 180.000 km zurückgelegt. Sie waren über Europa nach Peking gefahren, hatten Nord- und Südamerika bereist, dabei Peru, Chile, Bolivien etc. besucht. Ihr HYMER war für sie der perfekte Begleiter, und deshalb wollten sie auch nur wieder einen HYMER haben. Sie hatten in fast allen Ländern ihre Inspektionen machen lassen können und kaum Reparaturen gehabt. Kleine Ersatzteile hatten sie dabei. Pfiffig fand ich ihre Lösung für die recht schwierigen Straßenverhältnisse im Ausland, die die Schränke aufspringen ließen. Sie hatten sich Metallschlaufen rechts und links an den Dachstauschränken montiert, einen langen Besenstiel durchgeschoben, und damit gleich mehrere Schränke gleichzeitig gesichert.

Ihr Schweizer Führerschein erlaubte ihnen das Führen eines Fahrzeugs bis 3,5 to. Für schwerere Fahrzeuge musste man die nächst höhere Führerscheinklasse haben, und das sei eine Menge zu pauken, sagten sie mir. Wir rechneten also aus, wie schwer der HYMER werden würde, den sie sich ausgesucht hatten, inklusive aller Änderungen und Mehreinbauten, und lagen genau 50 kg darüber.

Nun fing mein netter Kunde an, Vorschläge fürs Mogeln zu machen, damit ich ihm das Reisemobil doch als 3,5 to Fahrzeug eintragen würde, aber ich blieb hartnäckig und wurde streng. Er würde seine Sicherheit gefährden und seinen Führerschein, denn es würden doch inzwischen überall zunehmend Gewichtskontrollen durchgeführt. Außerdem wäre er nicht versichert, wenn er einen Unfall baute. Ich empfahl ihm dringend, darüber nachzudenken, den anderen Führerschein zu machen.

Als wir uns verabschiedeten, bot ich ihm an, ihm das Wohnmobil im Frühjahr in die Schweiz zu bringen, falls er bis dahin seinen Führerschein noch nicht hätte. Sie winkten, dann sah ich sie die Halle verlassen. Am nächsten Morgen kamen sie zurück. Er hatte inzwischen beschlossen, den neuen Führerschein zu machen, aber ganz unabhängig davon bestand er darauf, dass ich sie besuchen käme und das Wohnmobil überführte – natürlich gegen Kostenerstattung –, um dann noch ein paar Tage bei ihnen in ihrem Chalet in Fallera Urlaub zu machen. Sie würden mich herzlich einladen.

Das Wohnmobil war im Frühjahr 2009 fertig. Wir montierten in Mülheim noch größere Sonnenpanele aufs Dach und ein paar kleinere Einbauten, die man im Werk bei der Serienfertigung nicht montieren konnte, dann rief ich meine Kunden an.

Sie freuten sich sehr, allerdings sei Fallera in der Nähe von Flims noch eingeschneit, ich käme gar nicht mit einem Wohnmobil bis zu ihnen hoch. Ich wartete also bis Ende März und fuhr dann in die Schweiz. An der Grenze wurden die Einfuhrpapiere, die wir im Zollamt in Duisburg vorbereitet hatten, abgestempelt und die ersten Formalitäten waren damit erledigt. Als ich Fallera erreichte, das immer noch vergleichsweise eingeschneit war, wurde ich wie eine alte Freundin mit einem großen Hallo begrüßt. Und am nächsten Tag hatte mein Kunde seine letzte Prüfung, so dass alles wie angegossen zusammenpasste. Er bedankte sich noch einmal für meine Hartnäckigkeit. Jetzt könne er vollkommen beruhigt und mit einem guten Gefühl zur nächsten langen Tour aufbrechen.

Nach einem guten Essen fuhren wir gemeinsam zum schweizerischen TÜV und erledigten die letzten Formalitäten.

Eigentlich sollte ich ja ein paar Tage bleiben, aber durch die Terminverschiebung hatte nun bei uns schon das Frühjahrsgeschäft angefangen, und das wäre nie die Zeit, in der ich eine Auszeit nehmen würde, jedenfalls nicht freiwillig. Außerdem hatte man für den Abend laut Wetterbericht in Fallera 70 cm Neuschnee angekündigt. Den alten HYMER, den ich in Zahlung genommen hatte, musste ich ohne Winterreifen irgendwie nach Hause bekommen, und je eher ich weg kam, desto besser. Ich verabschiedete mich also und machte mich auf den Weg.

Nicht eine Stunde zu früh! Im Autoradio verfolgte ich die Wetterwarnungen, und während ich in Richtung Deutschland brauste, fielen hinter mir Unmengen an Neuschnee, und immer neue Warnungen vor querstehenden LKWs auf den Autobahnabschnitten, die ich eben noch passiert hatte, unterbrachen die Radiosendungen. Meine Güte, das war knapp! Ich hatte Angst, die Schneefront könne mich einholen, also hielt ich meine Pausen so kurz wie möglich und kam um halb fünf morgens in Mülheim an. Ich war todmüde und fiel sofort ins Bett. Ich hatte gerade innerhalb von 48 Stunden über 3.000 km mit einem Reisemobil gefahren und mal eben nebenbei die Grenzformalitäten bei der Ein- und Ausreise erledigt. Das wäre auch für jüngere kein Pappenstiel gewesen, und ich war immerhin 70.

Diese Kunden waren inzwischen auch mal bei mir, und im Herbst 2010 kam ein anderer Kunde und bestellte mir Grüße von ihnen. Er hatte sie in Finnland getroffen.

Im November 2008 wurde mein Enkelsohn Julian, Kai's zweites Kind, geboren. Und wenn die Hektik des Jahres ein wenig nachlässt, die Abende länger werden und die Tage kürzer, dann hat man oft ein wenig mehr Muße, die Gedanken um Projekte kreisen zu lassen, die Altes mit Neuem verbinden können. In die Jakobswegfibel hatte ich viel Herzblut gesteckt, aber die Arbeit daran wollte ich später erst wieder aufnehmen. Jetzt wollte ich mich auf mein 50. Jahr in der Caravan Branche vorbereiten. Damals entstand die Idee zu diesem Buch.

Nachdem mir der Gedanke einmal gekommen war, mein Leben aufzuschreiben, begann ich am späten Neujahrsmorgen 2009 in aller Ruhe und sehr ausgiebig über das Projekt nachzudenken.

Ich legte ein Notizbuch bereit und beschloss, alles zu notieren, egal in welcher Reihenfolge es mir einfiel. Eine Gedächtnisrecherche, sozusagen. Ich wollte gerne ein Buch schreiben, das nicht nur mein Leben schilderte, sondern auch das Leben in und mit einer Branche, die mindestens genauso viele Aufs und Abs erlebt hatte, wie ich. Ich stellte mir vor, wie es sein würde, all die Jahre zu erinnern, die vielen Menschen, die Hochs und die Tiefs. Und ich zerbrach mir den Kopf über den berüchtigten ‚roten Faden‘, den man gerne im Alter für sein Leben sehen will, damit man weiß, dass alles einen Sinn hatte.

Ende Januar 2009, ich hatte mit meinen Notizen gerade begonnen, hatte ich E-mail-Kontakt zu Kunden aus Thüringen. Mein Angebot und meine persönliche Ansprache gefielen ihnen wohl, und wir verabredeten uns für den 23. Januar. Sie wollten in ihrem Adria Wohnmobil bei mir übernachten und sich dann am Samstagmorgen den HYMER B 584 anschauen.

Am nächsten Morgen kam aber die Frau alleine rein, vollkommen aufgelöst, und berichtete mir, ihr Mann sei am Abend zuvor auf dem Zebrastreifen vor unserem Geschäft von einem Auto angefahren worden und läge nun im Krankenhaus. Sie könne und wolle das Wohnmobil nicht fahren und müsse jetzt erst einmal ins Krankenhaus. Ich bot ihr natürlich sofort an, sie hinzufahren und später auch wieder abzuholen. Am Montag stand der Unfall in der Zeitung und auch, dass das Ehepaar aus Thüringen sei. Daraufhin meldete sich ein Ehepaar bei uns und bot an, die Frau könne während des Krankenhausaufenthaltes ihres Mannes kostenlos bei ihnen übernachten. Die Frau fuhr dann jedoch schon am Mittwoch mit dem Zug heim und sagte mir noch, dass ihr Mann so begeistert von dem Wohnmobil sei und vor allem so neugierig, und dass ihn die Neugier fast noch mehr quälen würde als das verletzte Bein. Er müsse aber jetzt erst noch strikte Bettruhe halten und dürfe vielleicht ab dem 5. Februar erste Laufübungen machen.

Nun wusste ich also, dass er hier alleine im Krankenhaus lag, also fuhr ich ihn zweimal besuchen. Er schwärmte von dem Fahrzeug und sagte mir, dass seine Frau auf jeden Fall schon ihr Herz daran verloren habe. Sie hätte es sich ja wenigstens schon ansehen können.

Auf der Heimfahrt kam mir eine Idee. Vielleicht könnte ich den Pfleger ja überreden, meinen Kunden im Rollstuhl in den Hof zu fahren, wo ich dann mit dem Wohnmobil vorfahren würde? Der Pfleger war von der Idee begeistert. Ohne seinem Patienten zu sagen, worum es ging, half er ihm sich warm anzuziehen, dann schob er ihn auf den Hof, wo ich mit seinem Fahrzeug stand. Dem Mann kamen die Tränen, so gerührt war er und so überrascht. Mit einigem Aufwand hievten der Pfleger und ich ihn mit vereinten Kräften mit Rollstuhl ins Innere des Mobils, wo er sich vorsichtig auf den Sitz zog und dort nicht mehr wegwollte.

Seine Frau kam zwei Tage später wieder mit dem Zug angereist. Wir fuhren gemeinsam ins Krankenhaus, wo der Vertrag unterzeichnet wurde. Das Wohnmobil musste noch acht Wochen bei uns stehen bleiben, weil der Gips des Mannes erst in sechs Wochen entfernt wurde und dann noch zwei Wochen Reha anstanden, aber dann konnte er ihn abholen und glücklich damit nach Hause fahren. Den ‚Adria‘ der beiden verkaufte ich für sie im Internet, so dass wir ihn nicht in Zahlung nehmen mussten.

Und da wusste ich, wie ich vorgehen wollte. Ich begriff, dass schöne zwischenmenschliche Begegnungen, wie die eben erlebte, mir mindestens ebenso viel wert waren, wie gute Geschäfte und zufriedene Kunden. Offen gestanden genieße ich die Vorstellung, dass dort draußen mehr Menschen herumfahren könnten, die sich an ein gutes Gespräch mit mir erinnern, als nur an einen Vertrag, den sie mit mir abschlossen.

Ich begriff aber auch, dass ich nicht nur eine nette Anekdote an die andere reihen konnte, um am Ende eine hübsche Kette mit Lebensgeschichten in der Hand zu halten. Ich musste vielmehr wirklich versuchen herauszuarbeiten, wie das Leben mich geprägt hatte und wie ich versucht habe, mich beim Leben dafür zu revanchieren. Meine Mutter hatte immer gesagt: „Der Herrgott hat uns zwei Hände gegeben, und sie sind gleich groß. Eine ist zum Nehmen und eine zum Geben." Es hat Phasen in meinem Leben gegeben, in denen ich nur gab, und sie machten mich krank. Es hat lange gedauert, bis ich begriff, wie lebenswichtig das Nehmen ist. Man muss Rat annehmen lernen, Hilfe annehmen lernen, Liebe annehmen lernen. Manchmal, gerade im Geschäftsleben, muss man sich sogar zwingen zu nehmen, was einem zusteht, auch wenn es schwer fallen mag. Und manchmal muss man etwas annehmen, was man lieber nicht möchte – Schmerz zum Beispiel, Trauer und Verlust – und auch das akzeptieren. Wenn man sich gegen das positive ‚Nehmen' nicht wehrt, dann wird man feststellen, dass es sich in einem verwandelt, in Energie, die man wieder ‚geben' kann, die fließen darf, die Gutes tun kann, für einen selbst und für andere. Und dann nichts wie weg damit, in die Welt, wo sie hin gehört. Zurück bleibt ein Gefühl von Dankbarkeit und Glück. Der rote Faden in meinem Leben war gefunden. Es war der Weg von Mutters weisem Spruch zu der Erkenntnis, wie sehr sie Recht hatte.

Die Jahre 2009 und 2010 wurden weiterhin bestimmt durch meine Arbeit, durch meine Kunden, durch Reisen und viele schöne Begegnungen, die ich aber nicht mehr im Einzelnen auflisten, weil sie alle nur immer wieder dasselbe erzählen: Dass ich ganz sicher für mich den schönsten Beruf der Welt gefunden habe.

Für mich waren diese beiden Jahre die Zeit, mich zu erinnern und aufzuschreiben, was mir berichtenswert erschien, und das habe ich getan.

Unser Leben ist das, was unsere Gedanken daraus machen.
(frei nach Marc Aurel, röm. Philosoph)

Schlusswort

Wieder sitze ich an meinem Schreibtisch, und es ist wieder einmal Sonntagnachmittag. Der Schnee ist fort, das Eis gleich mit ihm, und ein lauer Wind lässt den nahenden Frühling erahnen, auch wenn ich dem Braten Mitte Februar kaum trauen mag.

Kai's Umbau ist nahezu abgeschlossen, und ich erkenne meinen eigenen Arbeitsplatz kaum wieder. Eine große, schöne Movera Erlebniswelt begrüßt jeden Kunden, der hereinkommt. Movera beliefert den Großhandel, also uns Händler, Campingfachmärkte und den Facheinzelhandel und bietet einen wirklich ausgezeichneten Service in Sachen Produktschulungen und Verkaufshilfen. Sie haben schon pfiffige Köpfe dort, die wissen, wie man Einkaufen für den Kunden zu einem Erlebnis macht. Ich muss jetzt aufpassen, dass ich nicht selbst in dieser Abteilung hängenbleibe, wenn ich in den Betrieb komme, so verlockend ist es dort.

Die neue Erlebniswelt hat mit einem Wisch die alte, aber gemütliche Küchenecke ersetzt, und die Schreibtische der Kolleginnen und Kollegen samt den anschließenden sanitären Anlagen für die Gäste gleich mit. Das alles findet sich nun in den hinteren, großen und hellen Bereichen der neuen Ausstellungshalle.

Nun, ich werde mich daran gewöhnen. Mein Tisch ist genau da geblieben, wo er immer war, an ‚meinem' Fenster, in ‚meiner' Ecke, damit ich einen Blick habe auf jeden, der das Geschäft betritt. An manchen Nachmittagen wie heute sorgt die Sonne für besonders schönes Licht, und ich könnte den Staub in den Sonnenstrahlen tanzen sehen, gäbe es hier Staub.

Morgen fahre ich nach Iserlohn, wo ich mich mit meinem zukünftigen Verleger treffe. Dort gebe ich ihm dieses Buch in die Hand, das Buch meines Lebens, zumindest des Teils meines Lebens, den ich mit Caravan verbinde, und das ist sicher der größte Teil.

Ich habe es geschafft, die Neugier meiner Kinder in Schach zu halten, und ich bin froh, dass die Arbeit nun so gut wie beendet ist, denn lange hätte ich das nicht mehr durchgehalten. Ich freue mich auf ihre Gesichter, wenn sie endlich das gedruckte Buch in den Händen halten!

Seit Tagen kommen von all den alten Kollegen und Freunden noch Fotos und kleine Anekdoten mit der Post hier an, die wir vielleicht an der einen oder anderen Stelle noch einfügen werden, mal schauen. Ihnen nachher das Buch überreichen zu dürfen, wird mir eine ganz besondere Freude sein, denn sie alle haben Anteil an meinem Leben gehabt.

Ich blättere noch einmal die letzten Seiten durch und seufze. Fast erfasst mich dasselbe Gefühl von Freiheit, das ich vor 10 Jahren schon einmal erlebt habe, damals, als ich plötzlich mit einem Schlag nach der Vertragsunterzeichnung zwischen Kai und HYMER zumindest offiziell alle Verantwortung für das HYMER-Zentrum B1 los war. Ich habe es geschafft, habe meine Erinnerungen zusammengetragen und verhindert, dass sie sich eines Tages in Luft auflösen.

Erst vor wenigen Wochen habe ich in der letzten Mobilszene der Reisemobil Union e.V., dem engagierten Dachverband der Reisemobilfahrer, gelesen, dass es nach einer längeren Phase der Stagnation nun wieder ein deutlich gestiegenes Interesse am Reisemobilfahren geben soll. Das würde mich wirklich freuen, auch wenn ich persönlich nicht behaupten kann, mir wäre ein sinkendes Interesse in den Vorjahren aufgefallen. Aber: Ich muss hierüber auch nicht mehr so zahlengetreu auf dem Laufenden sein, wie noch vor zehn Jahren, oder? Darum dürfen sich nun wirklich gerne die anderen kümmern, die jüngeren, diejenigen, denen wir das Ruder in die Hand gaben. Nach fünfzig Jahren gönne ich mir also mit einem Schmunzeln die Antwort „Wirklich?!" und freue mich, dass ich das letzte Tief unserer Branche ganz offensichtlich nicht mitbekommen habe. Stattdessen lese ich mir mit großer Genugtuung eine Notiz durch, die erst wenige Tage alt ist, und die ich sozusagen als letzte Episode ins Buch aufnehmen werde.

Ein Ehepaar aus Bochum ließ sich von mir beraten. Als wir nach Vertragsabschluss bei einer Tasse Kaffee miteinander plauderten, erzählten sie, wo sie sich überall umgesehen und informiert hatten. Das Angebot ist ja auch überwältigend. Bei dem letzten Termin habe sie der Verkäufer aber bei jeder Frage stehen gelassen, um sich mit seinem Vorgesetzten zu beraten, sei dann zurückgekommen, nur um bei der nächsten Frage wieder zu verschwinden. So sei es eine ganze Weile gegangen. Während der ganzen Zeit habe sich der Chef nicht ein einziges Mal blicken lassen, dabei hätten sie schon früh durchblicken lassen, dass sie durchaus bereit wären, ein ordentliches Vermögen für ihr Hobby anzulegen.

Wie es mit unbefriedigenden Einkaufserlebnissen so ist, man behält sie nicht lange für sich, sondern erzählt sie im Freundeskreis. So auch dieses Paar. Und da habe ihnen ein Freund geraten: „Geht doch einfach mal nach Mülheim".

Mich hatten sie dann nach der ausführlichen Beratung gefragt, ob noch etwas am Preis zu machen sei, und ich hatte geantwortet: „Da muss mein Sohn sein Portemonnaie öffnen, meins ist es nicht mehr!", und Kai war gekommen, hatte sich unterhalten, einen annehmbaren Vorschlag gemacht und den Vertrag abgeschlossen.

Und deshalb säßen sie nun dort bei uns und würden ihren Kaffee genießen und sich über das gute Geschäft freuen, denn für Geld könne man überall eine Menge kaufen, aber nur an bestimmten Plätzen gäbe es so eine vorzügliche persönliche Ansprache umsonst dazu.

Das macht mich glücklich. Nicht, weil wir den Vertrag schreiben durften, sondern weil ich wieder einmal erleben konnte, dass es Menschen gibt, die sich ihr Glück nicht mit einem Klick der Maustaste erkaufen, sondern die persönliche Begegnung und das persönliche Gespräch schätzen. Ich wünsche meinem Sohn und unserer gesamten Branche, dass dies auch noch lange so bleiben möge.

Vor mir auf dem Tisch liegt der Entwurf des Buchumschlages. Ich finde ihn wunderschön. Mein erstes Buch! Nachdem ich es auf dem Caravan Salon vorgestellt habe, werden wir zuhause feiern: meine Kinder und meine Freunde. Und dann beginne ich mit dem nächsten Buch über meine Wurzeln, die schlesische Kindheit, den Krieg und die Flucht.

An mehr als einer Stelle in diesem Buch habe ich mich nicht zurückgehalten, wenn es darum ging zu schwärmen: von Fabrikaten, von Erfindungen, die unsere Branche voran gebracht haben und vor allem von Menschen. Wenn man wie ich eine Branche 50 Jahre lang nicht nur beobachtet, sondern aktiv begleitet hat, dann hat man ein Gespür dafür, wie viel Herz und Verstand nötig waren, um die wichtigen Dinge in Bewegung zu bringen, wie viel Geld nötig war, um sie in Bewegung zu halten, und wie viel visionäre Kraft, um darin nicht nur ein gutes Geschäft zu sehen. Immer da, wo ich dieses Gefühl hatte und noch habe, werde ich auch in Zukunft einen Teufel tun und mit meiner Begeisterung hinterm Berg halten.

Der Wunsch an unsere Nachfolger, die inzwischen an allen wichtigen Stellen der Branche unser Erbe angetreten haben, klingt so einfach: Bleibt in Bewegung! Wie groß diese Aufgabe in Wirklichkeit für Euch ist, weiß ich ganz genau, denn ich war dabei. Euch allen möchte ich ein Zitat, das Heinz Rühmann zugeschrieben wird, mit auf den Weg geben:

„Erfüllte Wünsche bedeuten Stillstand. Solange wir leben, müssen wir unterwegs bleiben".

Und allen anderen, die dieses Buch gelesen haben, weil auch sie ihr Herz an einen Wohnwagen oder ein Reisemobil verloren haben, wünsche ich, dass Ihre Träume sich erfüllen. Grüßen Sie die Welt von mir, wenn Sie ihr begegnen! Es ist gut möglich, dass wir uns dort draußen eines Tages treffen.

Ihre und Eure Maria Dhonau